우리는 결국 부모를 떠나보낸다

우리는 결국 부모를 떠나보낸다

부모의 마지막을 함께하며 깨달은 삶의 철학

기시미 이치로 지음 | 박진희 옮김

INFLUENTIAL
인플루엔셜

일러두기

• 이 책은 《나이 든 부모를 사랑할 수 있습니까》(인플루엔셜, 2017)의 개정판입니다.

어느 날, 취미로 사진 촬영을 즐기셨던 아버지가 젊은 시절에 찍은 사진을 모아놓은 앨범을 발견했습니다. 가족 스냅 사진도 있었고 풍경 사진도 꽤 있었습니다. 저도 쉬는 날에는 카메라를 들고 밖으로 나가 꽃이나 나비, 새 같은 자연을 찍는 것을 좋아하는데요. 아마도 모르는 사이에 아버지의 영향을 받았나 봅니다.

그중 기억나는 사진이 있었습니다. 제가 초등학교에 들어가기 전 아버지와 둘이 어딘가에 갔을 때 찍은 사진입니다. 크면서 점차 아버지와의 관계가 험악해졌는데, 그 사진을 보고 있자니 사진을 찍을 당시에 제가 느꼈던 감정과 행복이 되살아났습니다.

과로로 쓰러지기도 하고 부모님을 간병하느라 고생하는 와중에서도 사진을 본 그날 이후로 저는 어렸을 때의 행복한 순간들을 가끔 떠올렸습니다.

다른 사람과 관계를 맺지 않으며 살고 싶어 하는 사람이 있습니다. 누군가와 관계를 맺게 되면 미워하거나 싫어하게 되는 일도 생기니까 그런 감정의 소비가 싫다는 것이지요. 하지만 아무리 인간관계가 불행의 근원이라고 해도 다른 사람과 관계 맺지 않고는 살아가는 기쁨이나 행복 또한 느낄 수 없습니다.

일로 성공하는 것만이 살아가는 데 목표가 될 수는 없습니다. 사람은 일하기 위해 사는 것이 아니라 살기 위해 일하는 것이니까요. 어린 시절의 행복감에 필적할 만한 기쁨을 느낄 수 없다면 일하는 의미가 없습니다.

어영부영하는 사이 부모님은 나이가 들고 조금씩 늙어갑니다. 그리고 과거를 잊어버리기도 합니다. 자식인 나를 못 알아볼 수도 있습니다. 그렇다고 해서 자식으로서 모른 척할 수는 없습니다. 부모님에게 닥친 현실을 인정하는 것은 괴로운 일이지만, 그 현실을 받아들이지 않으면 부모님과 마주할 수 없습니다.

늙고 병든 부모님에게 나는 무엇을 할 수 있을까요? 어린 시절부터 부모님과 관계가 좋지 않았던 사람은 어쩔 수 없더라도, 부모님에게 늘 사랑받았던 사람이라면 부모님이 아직 젊고 건강할 때 이런 문제에 대해 생각해봐야 합니다.

'부모님이 더 이상 나를 사랑하지 않을 때, 아니 나를 알아보지 못할 때, 나는 어떻게 해야 할까? 무엇을 어떻게 할 수 있을까?'

제 어머니는 마흔아홉이라는 나이에 뇌경색이라는 진단을 받고 30여 년 전에 아버지와 저희 남매를 남겨둔 채 서둘러 이 세상을 떠나셨습니다. 아버지는 그 뒤로도 오래 사셨지만 생의 막바지에는 알츠하이머병을 앓다가 돌아가셨습니다.

저는 원래 철학을 전공했습니다. 플라톤의 저서를 번역하는 등 고대 그리스철학을 연구하다가 젊은 시절에 아들러 심리학을 만나 이와 철학을 병행해서 연구해왔습니다. 사실 연구라기보다는 아이들과 함께하고 시행착오를 겪는 나날을 통해 배워온 것이라고 할 수 있습니다.

당시 아버지는 요코하마에 혼자 살고 계셨는데, 어쩌다 집에 오시면 저와 아이들의 관계에 대해서 충고하시곤 했습니다. 우리의 관계가 아버지의 생각과는 큰 차이가 있었기 때문입니다.

아버지의 우려와는 달리 저는 아이들과의 관계를 통해서 아들러 심리학을 배웠던 것을 감사하게 여기고 있습니다. 아버지를 간병하면서 그때 배웠던 것들이 나중에 아버지와의 관계를 형성하는 데 많은 도움이 되었기 때문입니다.

생각해보면 일찍 돌아가신 어머니는 아들러 심리학에 대해서는 아무것도 모르셨지만, 아이를 대등하게 대하는 법은 잘 알고 계셨던 것 같습니다. 아들러 심리학을 배우면서 저는 어머니로부터 이미 알게 모르게 인간관계를 맺는 법과 인생을 살아가는 자세를 배웠다는 사실을 알게 되었습니다. 아마도 이 책을 부모님이 보신다면 "뭘 잘난 척을 이리도 하는 게냐!"라며 웃으시겠지요.

이 책에는 그런 제 경험담을 담았습니다. 어머니와 아버지를 간병했던 제 경험을 통해 어떻게 하면 부모 자식 간의 좋은 관계를 만들 수 있을지, 부모님을 보살필 때 마음에 새겨야 할 것은 무엇인지 이야기해보고자 합니다. 더 나아가 부모님을 간병하면서 배운 것을 바탕으로 인생을 어떻게 살아야 할지에 대해서도 생각해보고자 합니다.

차례

1장 부모님이
삶으로 가르쳐준
인생의 의미

2장　마지막 순간을 미리 준비할 수 있다면

3장 살아계실 때 알았더라면 좋았을 것들

4장   함께 '지금, 여기'를
즐겁게 살기
위하여

1장

부모님이
삶으로 가르쳐준
인생의 의미

● 나의 결심을
■ 늘 지지해주신 어머니

　　　　대학에 가고 싶으셨던 어머니는 여자가 무슨
대학이냐는 외조부모님의 반대에 부딪쳐 가지 못하셨다고 합
니다. 고등학교라는 새로운 제도가 도입되는 과도기였던 그
때 어머니는 구제도의 여학교에 다니고 계셨는데, 전쟁 중인
상황 탓인지 학교에서 언월도(초승달 모양의 칼날이 달린 손잡
이가 긴 검-옮긴이)를 이용한 무술을 배우셨다지요. 저는 내심
놀랐습니다. 어머니처럼 합리적인 사람이 정말 언월도를 들
고 적군과 맞설 수 있다고 믿으셨을까 싶어서요.
　당신이 겪은 바가 있어서인지, 어머니는 자식이 원하는 교

육은 다 받게 해주고 싶으셨던 모양입니다. 제가 중학생 때 비싼 값의 가정교사를 붙여주신 것만 봐도 그렇습니다. 고등학교에 가려면 가정교사를 붙이는 게 좋겠다고 학교에서 추천해준 까닭도 있지만, 우리 집이 가난하다는 것을 알면서도 저도 딱히 거절하지는 않았습니다.

지금 생각하면 그 비용을 마련하느라 어머니가 꽤 고생하셨을 텐데 저는 왜 가정교사가 필요 없다고 말하지 않았을까요? 하지만 자식이란 원래 집안의 경제 사정 따위는 잘 모르는 법이니까요. 제가 부모가 되어보니 자세한 집안 사정 같은 것은 자식에게 알리고 싶지 않은 부모 마음을 잘 알겠더군요.

다만 그 가정교사가 교토대학교 문학부에서 불교를 배우고 있었다는 점이 부모님에게는 예상치 못한 복병이었을 것입니다. 직장인이셨던 아버지를 보고 자란 저는 그저 막연하게 나도 크면 아버지와 같은 삶을 살게 되겠거니 생각했습니다. 하지만 그 선생님을 만나고부터 내 생각과 전혀 다른 삶도 있다는 것을 알게 되었습니다. 본격적으로 불교를 공부하고 싶어서 다니던 회사를 그만두고 다시 대학에 들어갔다는 선생님. 그런 선생님의 삶을 동경하게 된 저는 그때까지 해왔던 것보다 더 열심히 공부했습니다.

어머니는 제 진로에 관해 별다른 말씀은 하지 않으셨습니다. 다만 "변호사는 되지 마라" 하고 당부하셨던 것은 또렷하게 기억이 납니다. 인생의 뒷면을 봐야 하는 일은 하지 말았으면 싶으셨던 것이지요. 변호사라는 직업이 실제로 그런지는 잘 모르겠지만, 아무튼 제가 선택한 상담사라는 직업도 어머니가 바라셨던 일은 아니라는 생각이 들곤 합니다.

원하던 고등학교에 들어간 저는 철학에 푹 빠졌고 철학 선생님으로부터 많은 영향을 받았습니다. 면담하러 오신 어머니에게 담임 선생님이 "철학책 좀 그만 읽으라고 하세요"라고 당부하실 정도였지요. 그러자 어머니는 "아이가 원하는 걸 막을 생각이 없습니다"라고 당당히 말씀하셨답니다.

아버지도 제 진로에 대해서는 무관심하신 듯 보였습니다. 하지만 제가 철학을 전공하겠다고 나서자 결국 난색을 표하셨습니다. 당신이 직접 반대하진 않고 어머니에게 안 된다 하라고 시키셨지요.

철학이 어떤 학문인지 이해하고 반대하신 것은 아니었을 겁니다. 아마 아버지는 "인생은 이해할 수 없는 것"이라는 말을 남기고 게곤노타키 폭포華嚴滝에 몸을 던진 철학자이자 시인인 후지무라 미사오藤村操 같은 이를 떠올리셨나 봅니다.

나중에 어머니가 돌아가셨을 때 아버지에게 들은 이야기를 생각하면 그런 것 같습니다. 어머니의 시신과 함께 집으로 돌아온 제 얼굴을 보고 아버지는 제가 어머니를 따라 죽는 것은 아닐까 두려웠다고 하셨거든요.

아버지로부터 철학을 전공하려는 아들을 말리라는 말씀을 들으신 어머니는 그 자리에서 바로 이렇게 대답하셨다고 합니다.

"우리 애가 하는 일은 다 옳아요. 그러니까 지켜봅시다."

어머니라고 철학에 대해서 알고 계셨을 리 없습니다. 다만 당신의 경험에 비추어 대학에서 무엇을 공부할지는 자식 스스로가 결정할 문제지 부모가 정할 일은 아니라고 판단하셨던 것입니다. 그런 일에 부모가 개입하면, 만약 나중에 무슨 문제가 생겨 막다른 골목에 몰렸을 때 자식은 모든 것을 부모 탓으로 돌릴 것입니다. 물론 자식의 인생에 부모의 책임이 전혀 없다는 말은 아닙니다. 하지만 어떤 대학에 갈 것인지, 어떤 일을 할 것인지, 심지어 누구와 결혼할 것인지까지 자식 대신 결정하려는 부모가 있다는 것은 좀 놀랍습니다.

"우리 애가 하는 일은 다 옳다"라는 말을 들은 저는 잠시 주저되었습니다. 제가 언제나 옳은 것은 아니었고 가끔 저도 옳지 않은 선택을 할 때가 있었으니까요. 하지만 철학을 배우고 싶다는 제 군은 결심은 흔들리지 않았고, 어머니가 제 결심을 지지해주셨다는 것이 기뻤습니다. 여전히 저는 어머니의 영향을 받고 있다고 느낍니다. 어머니가 그러셨던 것처럼 저도 아이들을 그렇게 대하고 싶으니까요.

뜻하지 않은 순간에 마주한
인생의 의미

어머니와 저는 생일이 같습니다. 띠도 같아서 어머니는 저와 스물네 살 차이가 났는데, 다른 어머니들 사이에선 젊은 편이셨습니다.

그런 어머니가 어느 날 아침, 갑자기 몸이 움직여지지 않으시더랍니다. 전날 밤에 딸네, 그러니까 제 여동생네 집에서 늦게까지 즐거운 시간을 보내고 기분 좋게 돌아오셨는데 말이지요. 입에서 나오는 말도 너무 어눌하여 스스로도 이상하다 느끼셨던 모양입니다. 어머니 딴에는 바로 병원을 찾아갔는데, 의사로부터 뇌경색이라는 소리를 들으신 것입니다.

당시 저는 뇌경색에 대해 아는 바가 전혀 없어서 설마 어머니 나이 때 뇌경색이 올 줄은 생각지도 못했습니다. 어머니는 가끔 심한 두통을 호소하기는 하셨지만, 갱년기 증상이라면서 병원에 갈 필요까지는 없다고 하셨습니다.

사실 어머니는 건강한 체질이어서 동생을 사산했을 때 말고는 병으로 누워 계신 적이 없습니다. 간혹 한밤중에 의사를 찾으시던 아버지와는 대조적이셨지요. 병원을 멀리하셨던 어머니는 주위에서 아무리 병원에 좀 가라고 해도 듣는 시늉조차 하지 않으셨습니다.

그랬던 어머니가 스스로 병원을 찾았고, 뇌경색이라는 진단을 받으신 것입니다. 그 병원에는 일반 내과밖에 없었지만 일단 입원을 하고 다음 날부터 재활치료를 받기 시작했습니다. 경과가 좋아서 이대로라면 금방 나아서 퇴원할 수 있겠다고 생각하신 어머니는 병원을 옮기지도 않으셨습니다. 그런데 한 달 후 그만 병이 재발하고 말았습니다. 당시에는 혈전을 녹이는 약을 점적주사(약물을 높은 곳으로부터 긴 시간에 걸쳐 한 방울씩 떨어뜨려서 정맥으로 흘러들도록 하는 주사-옮긴이)하는 것 외에는 별다른 치료법이 없었습니다.

서둘러 뇌신경외과가 있는 병원으로 어머니를 옮겼습니다.

하지만 얼마 지나지 않아 어머니는 폐렴에 걸리셨고, 결국 의식을 잃으시고 말았습니다. 저는 매일 18시간씩 어머니의 병상을 지켰지만, 어머니와 대화는커녕 짧은 소통도 할 수 없었습니다. 의식을 잃으신 어머니 곁에서 제가 할 수 있는 일이라고는 고작 점적주사가 끝난 것을 간호사에게 알리거나 어머니의 증상을 노트에 기록하는 것뿐이었습니다. 그 외에 제가 할 수 있는 일은 없었습니다.

미동도 없이 눈을 감고 누워 계신 어머니 곁에서 저는 이런 의문이 들었습니다.

'대체 인간에게 행복이란 무엇일까? 이렇게 움직일 수도 없고 의식마저 잃었을 때, 과연 살아가는 의미를 찾을 수 있는 것일까?'

그때 저는 대학원에 다니고 있었습니다. 연구자로서의 인생길을 걷기 시작한 저는 돈과는 연이 없다고 생각했습니다. 대신 명예심이 있었기에 언젠가 대학에서 교편을 잡는 날이 오기를 바라고 있었습니다. 하지만 어머니처럼 병에 걸려 움직이지도 못하고 의식마저 잃으면 무슨 의미가 있을까 싶었습니다.

고생해서 대학원에 들어갔건만 어머니를 간병하느라 강의

에 들어갈 수 없었습니다. 어머니는 투병한 보람도 없이 마흔 아홉 살에 생을 달리하셨습니다. 저는 어머니가 돌아가시고 6개월 후에 복학했지만, 그때의 저는 더 이상 예전의 제가 아니었습니다. 막연하게 생각하고 있던 인생의 철로에서 굉음을 내며 이탈한 것입니다.

돌아가신 어머니는 더 이상 나이가 들지 않게 되었습니다. 어느새 저는 어머니와 같은 나이가 되었고, 결국에는 어머니의 나이를 넘어 어머니가 경험해본 적 없으신 쉰 살이 되었습니다. 쉰 살이 된 제게 남은 삶은 마치 미지의 땅으로 떠나는 여행과도 같았습니다. 어머니는 한 번도 가본 적 없으신 곳에 저 혼자 발을 내디디는 것 같은 느낌이 들었습니다.

저는 생각했습니다.

'어머니의 나이를 넘어섰으니 난 이제 장수할 거야.'

그런데 웬걸, 쉰 살이 된 지 몇 달 만에 저는 심근경색으로 쓰러졌습니다. 심전도 검사 결과지를 받고 '심근경색'이라는 병명을 밝히는 의사를 바라보며 저는 멍했습니다.

'나도 어머니처럼 젊은 나이에 죽는구나.'

몸을 가누지도 못하시던 어머니를 간병하고 있던 시기에는 제가 병원 응급실에 누워 옴짝달싹 못하는 날이 오리라고는 상상도 하지 못했습니다.

어머니를 간병하면서 인생을 살아가는 의미에 대해 충분히 생각한 줄 알았는데 막상 제가 병상에 누워 있어보니 또다시 이런 생각이 들기도 했습니다. '혹시 어머니에게는 보였는데 내게는 보이지 않았던 일이 있는 것은 아니었을까?'

"어느새 저는 어머니와 같은 나이가 되었고,
결국에는 어머니의 나이를 넘어
어머니가 경험해본 적 없으신 쉰 살이 되었습니다.
쉰 살이 된 제게 남은 삶은 마치 미지의 땅으로 떠나는
여행과도 같았습니다."

정작 어머니의 마지막 순간을 지키지 못했다

　　어머니가 뇌경색으로 입원하셨을 때, 저는 매일같이 밤 12시부터 다음 날 저녁 6시까지 18시간을 어머니 병상에 붙어 있었습니다. 일을 마치고 병원에 오신 아버지와 저녁 6시에 교대해서 보호자실에서 선잠을 자고, 밤 12시가 되면 집으로 돌아가시는 아버지와 다시 교대했습니다.

　　입원 초기만 해도 어머니가 의식이 있으셔서 제가 그렇게 장시간 병원에 있을 필요는 없었습니다. 다만 때때로 어머니가 제게 생트집을 잡으시곤 해서 서운한 마음에 화가 나는 일도 잦았습니다. 학교에도 못 가고 있는데 어머니의 괜한 생트집에 속이 상하기도 했습니다. 하지만 지금 생각하면 그래도 그때는 무엇이든 이것저것 같이할 수 있어서 좋았구나 싶습니다.

하루는 제가 병실에 들어서자마자 갑자기 어머니께서 독일어 공부를 하고 싶다고 말씀하셨습니다. 학부 시절 어머니에게 독일어를 가르쳐드린 적이 있었는데, 그때 사용한 독일어 교재를 가져다 달라고 하시는 겁니다. 알파벳부터 시작해 처음부터 다시 한번 도전하셨지만, 결국 의식하는 정도가 떨어져서 끈기가 없어지자 도중에 포기하시고 말았습니다.

그러시더니 이번에는 도스토옙스키의 《카라마조프가의 형제들》을 읽고 싶으시다는 겁니다. 전부터 읽고 싶었는데 그러지 못했다 하시면서요. 어느 해 여름, 도스토옙스키에 푹 빠져 있던 제가 밥 먹는 것도 잊고 밤낮없이 《카라마조프가의 형제들》을 읽었던 것을 기억하고 계셨던 모양입니다. 그리하여 저는 매일 어머니의 머리맡에서 《카라마조프가의 형제들》을 읽어드렸습니다.

어머니는 의식을 잃으신 후부터 더 이상 제가 읽어드리는 《카라마조프가의 형제들》을 들을 수 없게 되셨습니다. 그럼에도 저는 어머니 곁을 떠날 수 없었습니다. '아직 건강하고 의식이 있으실 때 좀 더 많은 것을 같이했어야 했는데' 하는 마음을 지울 수 없었기 때문입니다.

의식을 잃으신 어머니에게 제가 해드릴 수 있는 일은 거의 없었습니다. 겨우 용변이나 치우는 것 정도였지요.

그래도 하루 18시간씩 매일 병상을 지키는 일은 쉽지 않았습니다. 저는 점점 초췌해져 갔습니다. 대학원 동료들에게 뒤처지고 싶지 않은 마음에 병실에 그리스어 교재를 가져와 읽기도 했습니다. 하지만 체력이 따라주질 않았습니다. 조금씩 마음속에서 아우성이 들리기 시작했습니다.

'이런 생활이 앞으로 얼마나 더 계속될까? 지금 몸 상태라면 앞으로 일주일이나 버틸 수 있을까?'

이런 생각을 한 지 얼마 되지 않아 어머니가 돌아가셨습니다. 제가 괜한 생각을 한 탓에 어머니가 돌아가신 것은 아닌가 싶어 괴로웠습니다. 그런 생각을 하지 않았더라면 좀 더 사셨을지도 모르는데……. 물론 제 생각과 어머니의 죽음에는 아무런 관계가 없습니다. 다만 제 마음속 목소리가 어머니의 죽음을 앞당긴 것 같아 스스로를 책망하는 마음이 들었던 것입니다.

어머니의 간병에 지쳐 있던 어느 날, 문병을 오신 어머니의

지인 한 분이 말씀하셨습니다.

"많이 힘들지? 오늘은 내가 엄마 옆에 있을 테니 넌 보호 자실에 가서 좀 쉬렴."

저는 그분의 호의를 고맙게 받아들이고 보호자실에 가서 부족한 잠을 청하려고 했습니다. 그런데 갑자기 전화벨이 울려 전화를 받았더니 어머니가 위급하니 빨리 집중치료실로 오라는 겁니다.

서둘러 보호자실을 뛰쳐나오는데, 주치의인 원장님이 허둥대지 말라고 하시더군요. 언제나 냉정하고 침착한 이 의사 선생님으로부터 이미 회복의 여지가 없다는 말을 들은 상태였기 때문에 사실 가족 모두가 어느 정도는 각오를 하고 있었습니다. 그렇게 마음의 준비가 되어 있다고 생각했는데 정작 어머니가 위급하다는 말을 듣자 아무런 생각도 나지 않았습니다. 원장님의 눈에는 그때의 제가 꽤 동요하는 듯 보이셨나 봅니다.

병실로 뛰어 들어가니 어머니는 이미 숨을 거두시고 난 뒤였습니다. 위급하다는 연락을 받고 바로 달려간 줄 알았는데 나중에 곰곰이 생각해보니 그렇지 않았는지도 모르겠다는 생각이 들었습니다. 제가 병실에 들어섰을 때는 이미 어머니의 몸에 연결되어 있던 여러 개의 관도, 팔목에 꽂혀 있던 주삿바늘도 모두 제거되고 몸을 깨끗하게 닦아낸 상태였으니까요.

매일같이 그 긴 시간을 어머니 곁에 있었는데, 정작 어머니의 마지막 순간은 지키지 못했습니다. 저는 그것이 억울했지만 아버지와 여동생에게는 차마 말하지 못했습니다. 아버지가 어머니의 마지막 모습을 물으셨을 때 "고통 없이 가셨습니다"라고 순간적으로 거짓말을 하고 말았습니다. 솔직하게 말하면 "그렇게 오래 병실에 붙어 있더니 왜 그땐 자리를 비운 게냐, 뭘 하고 있었던 거야?"라고 아버지가 혼내실 것만 같았습니다.

지금 와서 생각해보면, 그때 진실을 말했더라도 아버지나 여동생이 저를 비난하지는 않았을 겁니다. 입장을 바꿔 생각해보면, 학업도 중단한 채 간병을 해온 아들에게 아버지가 뭐라 하셨을 것 같진 않습니다. 어쩌다 마지막을 지키지 못했을 뿐, 석 달 넘게 어머니 곁을 지킨 아들을 위로해주지 못할망정 나무라지는 않으셨을 겁니다. 하지만 그때의 저는 솔직하지 못했습니다.

시간이 흐르고 아버지 때는 임종을 지킬 수 있었습니다.

아버지는 평온한 모습으로 돌아가시긴 했는데, 마지막 숨을 거두실 때의 모습에는 무어라 표현할 수 없는 긴박감 같은 것이 있었습니다. 그 모습을 보며 불현듯 어머니는 그런 마지막 모습을 제게 보여주고 싶지 않으셨던 것인지도 모르겠다는 생각이 들었습니다.

할 수 있는 일과 할 수 없는 일을 인정하는 용기

긴 시간 어머니 곁에 있었으면서도 정작 어머니의 마지막을 지키지 못한 저는 어머니와 함께 집으로 돌아왔습니다. 그때 제 모습을 보고 아버지는 제가 어머니를 따라 죽는 건 아닐까 걱정하셨다고 합니다. 그 정도로 제가 초췌했던 것이지요. 그때 만약 아버지에게 "죄송한데, 너무 힘들어서 입원을 해야겠어요"라든가, 입원까지는 아니더라도 "어머니 장례식에는 가고 싶지 않아요. 혼자 있고 싶어요"라고 했다면 아버지는 분명 제 말을 들어주셨을 것입니다.

하지만 저는 '어머니가 돌아가셨어도 마음을 굳게 먹어야

해. 사람들 앞에서 우는 모습을 보이는 것은 용서할 수 없어' 라는 생각에 사로잡혀 있었습니다. 그래서 실은 아무도 만나고 싶지 않을 만큼 지쳐 있었지만, 장례식에서 상주 역할도 다했고 울지도 않았습니다. 어머니의 마지막 순간을 함께하지 못했으면서도 친척이나 어머니의 친구 분들이 어머니의 마지막 모습을 물어보시면 병의 경과부터 시작해 어머니의 모습을 세세히 설명해드리는 것이 제 역할이라고 생각했습니다.

대부분의 사람이 어머니가 입원하셨다는 사실조차 알지 못했기에 어머니의 부고에 놀라 달려와주었습니다. 어머니의 영정 앞에서 울음을 터뜨리는 사람도 많아서 제가 울 수는 없었습니다. 어찌 어머니를 잃은 슬픔이 크지 않았겠습니까? 하지만 사람들 앞에서 슬퍼하는 모습을 보일 수 없다고 생각했습니다. 저는 그저 다른 사람들에게 어떻게 보이는가만 신경 쓰고 있었던 것이지요.

어머니가 돌아가시고 10년 정도 지난 어느 날, 저는 꿈을 꾸었습니다. 꿈속에서 저는 눈을 떴습니다. 집 안에 옅은 어둠이 깔려 있어서 새벽이나 저녁 무렵이겠구나 생각하며 누워 있었습니다. 조금 있으니 가까운 방에서 소리가 들려왔습니다. 아버지의 목소리였습니다. 그 순간 깨달았습니다.

'그래, 오늘은 어머니 장례식 날이었구나!'

몇 개의 문을 지나 아버지가 계신 방에 들어갔습니다.

아버지는 "일어났니?"라며 쓸쓸한 눈으로 저를 바라보셨습니다. 꿈속에서 저는 어머니 장례식에 참석하지 않았고, 제가 집에 있는 동안 장례식은 끝이 나 있었습니다.

"슬슬 화장이 끝났을 시간이구나. 네가 가서 좀 가져오지 않으련?"

그 정도는 제가 할 수 있겠다는 생각에 "갈게요"라고 대답했습니다.

이 꿈은 제게 중요한 의미가 있습니다. 꿈속의 나는 어머니 장례식에 참석하지 않았기 때문입니다. 현실과 다르게 저는 아버지에게 "장례식에 가지 않겠다"라고 말씀드렸던 것이지요. 현실의 나는 책망당할 것이 두려워 그렇게 하지 못했는데, 꿈속의 나는 장례식에 가고 싶지 않다는 의사를 분명하게 밝혔던 것입니다. 꿈이지만 아버지에게 본심을 전하는 데 10년이나 걸린 셈이지요. 비슷한 시기에 저는 그때까지 자주 꾸던 어머니 꿈도 꾸지 않게 되었습니다.

죽은 사람의 꿈을 꾸는 것은 그 사람과 아직 해야 할 일이 남았기 때문일 겁니다. 꿈속에 나오는 어머니는 고대 그리스의 도자기에 그려져 있는 사자死者처럼 사방으로 시선을 보내고 있으셨기에 어머니가 이 세상 사람이 아니란 것쯤은 바로 알아차릴 수 있었습니다. 살아계실 때처럼 어머니와 이야기를 나누는 꿈은 한 번도 꾼 적이 없었습니다.

어머니와 이야기를 나누지 않는 꿈은 병원에서 오랜 시간 어머니 곁을 지키고 있던 날들의 모습을 반영하고 있습니다. "그때 나는 아무것도 할 수 없었어. 어머니는 이미 이 세상 사람이 아니었으니까"라며 자신을 변명하기 위해 꿈을 꾸고 있었던 것입니다.

제가 꾼 아버지 꿈과 어머니 꿈은 제가 부모님으로부터 자립했다는 것을 의미합니다. 아버지의 얼굴색을 살피며 본심을 말하지 못했던 것은 아버지를 슬프게 하고 싶지 않았다기보다는 그 오랜 시간 어머니 곁에 있었으면서도 어머니의 마지막을 지키지 못한 것은 네 잘못이라며 아버지에게 힐책당할 것이 두려웠기 때문입니다.

더 이상 어머니 꿈을 꾸지 않게 된 것은 어머니를 위하여 제가 할 수 있었던 일과 할 수 없었던 일이 있었고, 할 수 없는 일은 할 수 없다고 인정하는 용기를 냈기 때문입니다. 또

한 우리네 인생이란 가끔은 불합리한 일이 일어나기도 한다
는 사실을 인정하게 되었기 때문입니다. 어머니가 지금의 저
보다도 훨씬 젊은 나이에 병으로 돌아가신 것처럼요.

"더 이상 어머니 꿈을 꾸지 않게 된 것은
어머니를 위하여 제가 할 수 있었던 일과
할 수 없었던 일이 있었고,
할 수 없는 일은 할 수 없다고 인정하는
용기를 냈기 때문입니다."

● 최고의 효도는
■ 불효를 저지르는 것

　　　　입원하신 아버지를 간호하고 있던 어느 날, 아
버지가 말씀하셨습니다.

"네가 결혼하기 전까지 나는 안 죽는다."

저는 깜짝 놀랐습니다. 저는 이미 결혼한 상태였고, 주말에
는 아내가 아버지의 병상을 지키곤 했으니까요. 아버지는 대
체 자신의 며느리를 누구라고 생각하신 것일까요? 그때 아
버지에게 저는 아직 결혼하기 전의 대학원생이었던 것 같습
니다.

어머니께서는 늘 저와 아버지 사이에서 완충제 역할을 해

주셨기 때문에 어머니가 돌아가시자 저는 어떻게 해야 할지 몰랐습니다. 아버지에게 하고 싶은 말이 있어도 하지 못했고, 그저 같은 공간에 있는 것만으로도 긴장되었습니다. 아버지와 둘이서만 지내는 생활은 숨이 막힐 것처럼 답답했습니다.

어떻게 해야 이 상황을 벗어날 수 있을지 그 방법을 고민하다가 결혼을 생각하게 되었습니다. 물론 그것이 결혼의 목적은 아니었지요. 다만 어머니의 죽음이 결혼을 결심하게 된 결정적인 계기가 된 것은 사실입니다. 어머니의 죽음과 아버지와의 긴장감 넘치는 생활이 결혼 시기를 앞당기게 했으니까요. 그렇게 해서 어머니가 없는 집에서 아버지와 저 그리고 제 아내, 이렇게 셋의 새로운 생활이 시작되었습니다. 다행히 아내 덕분에 아버지와 둘이 있던 때와는 분위기가 완전히 달라졌습니다.

병드신 아버지는 대부분의 기억을 잊으셨습니다. 그 텅 빈 기억의 저장고에 남아 있던 것은 대학원생이었던 저와 아버지가 둘만 살던 시절이었습니다. 저와 아버지 사이에서 완충제 역할을 해주시던 어머니가 돌아가시고 나날이 험악해지는 분위기 속에서 생활하던 때입니다. 아내가 들어와 셋이 함께 살던 평안했던 시간들이 아니라요. 저는 그 시절을 생각하는 것만으로도 힘이 드는데, 아버지에게는 의외로 좋은 추억으로 남아 있었나 봅니다.

아버지는 간호사든 간병인이든 병실을 찾는 사람들에게 제가 아직 미혼이라고 하셨습니다. 제가 결혼해서 아이도 있다는 사실은 간호사도 간병인도 알고 있었기에 그런 말을 들은 한 간호사는 이렇게 말했다고 합니다.

"그럴 리가요. 아드님은 결혼하셨잖아요."

"무슨 소리! 나는 아들 결혼식에 간 적이 없어."

조금의 망설임도 없이 바로 이런 대답을 한다면 듣는 사람도 '내가 잘못 알았나?' 싶을 것입니다. 제가 결혼하기 전까지는 죽지 않겠다 하시는 아버지에게 "저는 이미 결혼했어요"라고 단호히 말씀드리면, 혹시나 아버지가 돌아가실까 싶어서 저는 말을 흐리고 말았습니다. 부모란 자식이 아직 당신의 힘을 필요로 하고 있다고 느낄 때 책임감이 생겨 힘을 내는 법이니까요.

분가를 하고 아버지 혼자서 지내실 때 아버지는 제게 자주 전화를 하셨습니다. 통화 내용은 대체로 몸 어디가 안 좋다든가, 어느 병원에 가서 어떤 진단을 받았다든가 하는 것들이었습니다. 힘없는 목소리로 언제 끝날지도 모르는 푸념을 계속 늘어놓으셨습니다. 물론 몸 상태가 좋지 않아 전화를 하셨겠지만, "이제 갈 때가 된 것 같다"와 같은 마음 약한 소리를 하시면 걱정이 되어 견딜 수가 없었습니다. 그런 말을 들을 때면 혹여 아버지께서 죽을 때가 가까워졌음을 느끼고 계신 것일까 하는 마음도 들었습니다.

서울에서 강연을 할 때, 한국의 젊은 친구들이 "어떻게 하면 효도할 수 있을까요?"라고 물어서 저는 깜짝 놀랐습니다. 일본에서는 한 번도 그런 질문을 받아본 적이 없었기 때문입니다. 저는 "가장 큰 효도는 불효를 하는 것"이라고 답했습니다.

2006년에 제가 심근경색으로 쓰러졌을 때 아버지는 갑자기 10년은 젊어진 듯 건강해지셨습니다. 힘이 없던 목소리에도 기운이 넘쳤습니다. 자식이 병들었으니 당신이 정신을 차려야 한다고 생각하셨던 것이겠지요.

아버지도 오랫동안 협심증을 앓고 계셔서 관동맥에 몇 개의 스텐트를 삽입한 상태였기 때문에 6개월에 한 번씩 입원해서 조영검사를 받으셔야 했습니다. 어느 날, 검사 중에 아버지의 상태가 나빠졌다는 연락을 받고 저는 이른 아침 병원으로 달려갔습니다. 혈압이 급격히 떨어졌을 때는 이대로 아버지가 가버리시는 것은 아닐지 걱정도 되었습니다. 다행히 위기 상황은 벗어났지만, 검사를 마치신 아버지는 들뜬 상태로 끊임없이 이야기를 하셨습니다.

결국 그날 저는 열 시간이 넘게 아버지와 함께 있었습니다. 오랜만에 아버지와 이런저런 이야기를 나누었습니다. 수술하고 검사받는 일이 결코 편하지 않았을 텐데 아버지는 조금도 불평하지 않으셨습니다. 오히려 제 몸을 걱정해주셨습니다. 당시 저는 병원에서 근무하고 있었는데, 가끔 뵙는 아버지에게 아마도 아침부터 저녁 늦게까지 매일 격무에 시달린다고 했었겠지요. 자기 자신이 죽을지도 모르는 상황에서 나라면 아버지처럼 다른 사람의 일을 걱정할 수 있을까 하는 생각이 들었습니다.

이런 이야기를 강연에서 했더니 통역사의 목소리가 메어왔습니다. 강연장을 둘러보니 많은 사람이 눈물을 머금고 있었습니다. 생각지도 못한 반응에 당황했지만, 이런 식으로도 부모에게 효도할 수 있다는 뜻은 전해졌으니 됐다 싶었습니다.

"부모란 자식이 아직
당신의 힘을 필요로 하고 있다고 느낄 때
책임감이 생겨 힘을 내는 법이니까요."

살아 있는 것이
가장 가치 있는 일이다

　　　　부모님에게 간병이 필요해질 즈음이면 자식들은 나이가 많든 적든 어느덧 자신도 나이 들었다는 사실을 의식하기 시작합니다. 따라서 부모님이 나이가 들어 늙은 자기 자신을 어떻게 받아들이고 있는지를 이해하는 것은 그리 어렵지 않을 것입니다.

　인생에 되돌이표는 없습니다. 몸도 마찬가지입니다. 아무리 관리해도 결코 젊었을 때로 돌아가지는 못합니다. 어느 누구도 노화로부터 자유로워질 수는 없습니다. 나이를 먹으면 이가 약해지고, 용모가 흐트러지며, 몸 여기저기에서 고장의 신

호가 나타납니다. 젊었을 때는 경험하지 못했던 불편한 일들이 생기기 시작하는 것이지요. 사람이나 사물의 이름을 잊어버리기 일쑤라 실수하는 일도 잦아집니다. 그런 날들이 쌓이다 보면 스스로는 아직 젊다고 자부했는데 결국 그렇지 않다는 현실에 직면하게 됩니다.

삶의 가치를 '젊음'에 두게 되면 어떻게 해서든 '늙었다'는 사실을 회피하려고 합니다. 그것이 이루어질 수 없는 현실이라고 해도요. 아무리 포장하고 감추려 해도 시간은 젊음을 가져가버립니다. 언제까지고 변하지 않는 젊음을 유지할 수는 없는 법입니다.

아무리 젊음을 갈망한다고 해도 무조건 열여덟 살 때로 돌아가고 싶지는 않을 것입니다. 지금 가지고 있는 지식이나 경험은 그대로인 채 젊어지기만 한다면 이야기가 다르겠지만, 다시 처음부터 시작해야 한다면 열여덟 살이 되고자 선뜻 나서는 사람이 얼마나 될까요? 또다시 많은 것을 배워야 하고 어쩌면 껄끄러웠던 사람과의 관계도 다시 반복해야 할지도 모르는데요. 지금 가지고 있는 지식과 경험이 없다면 열여덟 살의 나로 돌아간다 한들 예전과 다른 선택을 한다는 보장도 없습니다.

인생을 되돌릴 수 없는 것처럼 몸이 쇠약해지는 것도 불가항력적입니다. 어느 누구도 노화로부터 자유로워질 수 없습니다. 그렇다고 나이를 먹는다는 것이 단지 젊음에서 멀어진다는 것을 의미하지는 않습니다. 나이 든다는 것에서도 얼마든지 긍정적 의미를 발견할 수 있습니다.

자기 자신의 노화를 긍정적으로 받아들이지 못하면, 부모님이 간병이 필요해질 만큼 쇠약해졌을 때 그 사실을 받아들이기 어려울 것입니다.

생산성으로 인간의 가치를 매기는 것은 잘못된 생각입니다. 무언가를 달성하는 것, 생산적인 것만을 유일한 가치로 믿으며 살아온 사람은 나이가 들어 자신이 아무것도 할 수 없게 된 사실을 비참하게 여깁니다. 자신의 현실을 받아들이려고 하지 않습니다. 치매를 대하는 심리적 배경도 여기에서 기인합니다.

치매를 앓는 부모를 보살피기 위해서는 자식이 먼저 아무것도 할 수 없는 부모를 받아들여야 합니다. 생산성으로 부모의 가치를 판단해서는 안 됩니다. '아무것도 할 수 없는 사람'으로 가치를 평가하는 것이 아니라, 그저 사람으로 '존재한다'는 것에 주목하라는 뜻입니다.

병에 걸려 생각대로 몸이 움직여지지 않았던 경험이 있는 사람은 알 것입니다. 몸을 움직이지 못하게 되었더라도, 주변 사람의 보살핌을 받아야만 하더라도 스스로 가치가 있다고 생각하기 위해서는 용기가 필요합니다. 물론 그런 용기를 내는 일이 쉽지는 않지만 우리는 알아야 합니다. 어떤 상태로든 살아 있다는 것에 대한 기쁨을요. 지금의 병을 극복하여 다시 예전처럼 생활하게 되는 것에 삶의 가치가 있다는 뜻이 아닙니다.

늦든 빠르든 자신의 능력이 저하된 것을 자각하게 되면 일의 내용이나 양에 변화를 주어야 합니다. 물론 나이가 많아도 현역으로 계속 일하는 사람도 많은 것처럼 사람에 따라 다르기는 합니다.

꼭 생산적인 일에 가치를 두고 살아온 사람이 아니더라도 막상 일을 그만두게 되면 '나는 더 이상 가치가 없는 게 아닐까?' 하는 생각에 실의에 찬 나날을 보내기도 합니다. 특히 조직에 소속되어 살아온 사람들은 조직에서 떨어져나왔다는 것 자체를 인생의 큰 위기로 받아들입니다.

'선생님'으로 불리며 평생을 살아온 사람은 학교를 그만두자마자 '선생님이 아니게 된 상황'에 충격을 받곤 합니다. 그런데 '선생님'이라고 불려온 것은 교사라는 역할의 가면을 쓰고 있었기 때문입니다. 퇴직 후에 교사라는 가면을 벗은 것뿐입니다. 그럼에도 더 이상 '선생님'이라고 불릴 수 없다는 사실을 받아들이는 게 쉽지 않은 모양입니다. 유독 교사만 그런 것은 아닙니다. 사람은 늙으면 자신의 가치를 확신하는 게 어려워집니다. 그리하여 푸념 따위를 하며 자신의 가치를 인정받으려 하거나 손주를 어리광쟁이로 만들어 자신의 가치를 만들어내려고 합니다. 할아버지 할머니가 손주에게 너그러운 것은 그들이 부모만큼 자식에 대한 책임이 없기 때문입니다. 하지만 아이를 어리광쟁이로 만드는 것은 엄마 아빠 입장에서는 달갑지 않은 일이지요. 할아버지 할머니는 자신의 가치를 인정받고자 한 일이지만, 오히려 그 때문에 다툼이 일어나게 됩니다.

부모는 곤란한 일을 저질러서 자식에게 주목받으려 하기도 합니다. 무슨 일이든 해서 어떻게든 가족 안에서의 위치를 확보하려고 합니다. 부모가 자신의 가치를 확신할 수 있다면 엉뚱한 일을 만들어 주목받으려는 일은 없어지게 될 것입니다.

부모님 스스로가 당신들의 가치를 느끼도록 하기 위해서 부모님이 가족에게 기여하는 일에 주목합시다. 어떠한 행동에 대해 "고맙습니다", "덕분에 살았어요"라는 인사도 좋지만, 당신이 살아 있는 것 자체가 가족에게 얼마나 힘이 되는지 말로 전하는 게 더욱 좋습니다. 비록 지금은 몸도 자유롭지 못하고 건망증이 심해진 부모님이라고 해도 말이지요. 그렇게 하면 부모님은 무언가 굳이 하지 않아도 자신들이 가족들에게 힘이 되는 존재라는 사실에 자존감을 가지게 됩니다.

● 죽음을 생각하는
■ 방식

　　　제 아버지는 여든네 살에 돌아가셨습니다. 늦은 밤, 병원의 연락을 받고 아내와 달려왔더니 아버지께서는 임종이 다가왔을 때 아래턱을 위아래로 움직이며 쉬는 호흡인 하악호흡下顎呼吸을 이미 하고 계셨습니다. 각오는 했지만 막상 닥치니 당황스러웠습니다. 그런 우리를 보며 간호사가 말했습니다.

　"아버님께서 아드님하고 며느님을 기다리셨나 봐요."

　주치의에게 심장마사지 같은 연명처치는 하지 않도록 전부터 부탁해놓았던 터라 마지막 순간에는 간호사도 자리를 비켜주었습니다. 아버지는 저와 아내가 지켜보는 가운데 조용히 숨을 거두셨습니다.

숨을 거두시기 직전, 아버지의 눈에서 눈물이 흘렀습니다. 숨이 멎으신 후에도 제가 아버지에게 말을 걸면 박동과 호흡을 표시하는 모니터의 파형에 변화가 있었습니다. 물론 그러한 현상이 일어난 것에 대해서는 어떤 합리적인 의학적 설명이 붙겠지만, 저는 아버지가 저에게 무언가 전하시려는 것처럼 느껴졌습니다.

숨을 멈추신 아버지는 고대 그리스 시인의 말을 빌리자면 "성스러운 잠에 빠진 것"처럼 보였습니다. 마침내 날이 밝고 창문의 커튼을 여니 세상이 온통 눈으로 덮여 있었습니다. 그때 왜가리 하나가 조용히 병실 옆을 날아갔습니다.

뇌는 몸의 일부이자 마음의 도구입니다. 가장 중요한 도구는 아니지만, 어디까지나 도구이기 때문에 어떤 형태로든 뇌에 장애가 일어나면 말과 행동이 변할 수 있습니다. 그러나 사람의 인격 그 자체가 변하는 일은 없습니다.

예를 들어 손이 마비되거나 묶여 있으면 손을 움직일 수 없게 됩니다. 뇌에 어떤 장애가 생기는 경우에도 손을 생각처럼 움직일 수 없습니다. 그러나 뇌가 마음을 지배하는 것은 아닙니다. 전체로서의 나는 손을 움직이려고 합니다. 마음은 운동의 목표를 정하고 무엇을 위해 손을 움직일지 판단하는 것이며, 뇌는 그 마음의 도구입니다. 뇌는 마음의 기원起源도 아니고, 뇌가 마음을 지배하는 것도 아닙니다. 물론 뇌에 장애가 생긴다든지 사람이 죽었을 때처럼 뇌가 완전히 활동을 멈춘 경우에는 이전처럼 소리를 낼 수도 몸을 움직일 수도 없게 됩니다.

남은 가족은 죽은 사람의 목소리를 들을 수도 없고 의사를 전달할 수도 없습니다. 종국에는 모습도 볼 수 없고 몸을 만질 수도 없게 됩니다.

저는 이런 모습을 고장 난 마이크에 비유하곤 합니다. 뇌에 무언가 문제가 일어났다는 것은 강연 중에 사용하고 있는 마이크가 고장 난 것과 같습니다. 마이크가 고장 나면 실내에 울려 퍼지던 목소리가 갑자기 뚝 끊기게 됩니다. 가끔 아버지가 의식이 또렷해지는 때가 있으셨는데, 그것은 접촉 불량이었던 마이크의 선이 잠시 다시 연결된 것과 같습니다. 사람이 죽는다는 것은 마이크 선이 영원히 끊어지는 것이겠지요.

마이크가 고장 났을 뿐이지 저는 아무런 변화가 없습니다.

마이크 선이 끊겨 설사 제 목소리가 멀리까지 들리지 않게 되었다고 해도 저는 강의를 멈추지 않습니다. 죽어서 육성으로 자신의 말을 전할 수 없게 되었다고 해도 그 사람은 변함없이 우리에게 이야기를 들려주고 있을 것입니다.

살아 있는 사람도 마찬가지입니다. 오랫동안 만나지 않은 사람이나 멀리 떨어져 있는 사람을 생각할 때 우리는 그 사람과 나누었던 대화를 통해 그를 기억할 것입니다. 또한 죽은 사람이 내 마음에 살아 있다고 하는 것은 그에 대한 추억을 떠올렸을 때 그가 여전히 가까이 있다고 느껴지기 때문일 테지요.

살아 있는 사람이라면 다시 만날 수 있지만, 죽은 사람과는 두 번 다시 만날 수 없습니다. 살아 있는 작가라면 신작을 기대할 수 있지만, 죽은 작가의 신작은 더 이상 읽을 수 없습니다. 하지만 작가가 남긴 작품을 읽을 수는 있습니다. 그리고 그 작품 속에 작가가 살아 있는 것처럼 느끼게 됩니다. 죽었다고 해서 단순히 사라져버리는 게 아니라는 뜻입니다. 저는 마침내 호흡을 멈추신 아버지 곁에서 줄곧 그런 생각을 하고 있었습니다.

영구차의 도착이 늦어져서 아버지가 병원을 떠나신 때는

간호사들의 아침 교대 시간이었습니다. 바쁜 시간대임에도 많은 간호사가 배웅해주었습니다. 아버지가 돌아가신 것은 슬픈 일이지만, 아버지와 관련되어 만난 고마운 분들을 생각하면 가슴이 뜨거워집니다.

죽음을 어떤 식으로 생각하든 그것이 이별이라는 사실에는 변함이 없어서 한동안은 상실감을 느꼈습니다. 그러나 언제까지나 슬픔에 젖은 채 일상으로 돌아가지 않는다면 저는 또 아버지에게 꾸지람을 듣게 되겠지요.

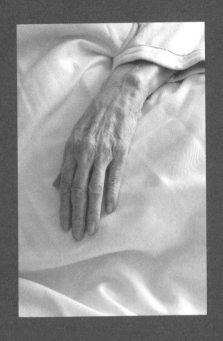

"죽었다고 해서 단순히 사라져버리는 게
아니라는 뜻입니다.
저는 마침내 호흡을 멈추신 아버지 곁에서
줄곧 그런 생각을 하고 있었습니다."

나는 죽음 앞에서도
나답게 살고 싶다

심근경색으로 쓰러진 저는 다행히 생명은 건졌으나 며칠이고 집중치료실에서 지내야만 했습니다. 몸을 뒤척이는 것마저도 간호사의 도움을 받아야만 했습니다. 책을 읽는 것은 물론, 음악을 듣는 것도 허락되지 않았기 때문에 마치 시간의 흐름이 멈춘 것처럼 느껴졌습니다.

겨우 일어나 앉을 수 있게 되자 저는 제일 먼저 아내에게 집에 있는 노트북을 가져다 달라고 부탁했습니다. 아직 몸이 자유롭지는 않았지만 병원 침대에 앉아서 노트북을 들여다보며 병에 대해 알아보거나 병원에서의 일상을 블로그에 올

리며 시간을 보낼 수 있게 되었습니다. 집중치료실에 있을 때 제가 입원한 사실을 알지 못한 편집자가 보낸 교정지도 일반 병실로 옮긴 후부터는 조금씩이나마 읽으면서 수정하고 고쳐 쓸 수 있었습니다.

어느 날, 그 교정지가 회진을 돌던 의사의 눈에 띈 모양입니다. 진찰을 마치고 나가려던 의사는 교정지를 손에 들어 침대 옆 소파에 앉아 읽기 시작했습니다.

"무엇에 대해 쓰신 건가요?"

이렇게 묻는 의사에게 저는 대답했습니다.

"인간에게 죽음이란 정해져 있는 것이니, 죽기 전에 어떻게 살아야 할까에 대해 쓴 것입니다."

제 대답에 의사는 "그래도 너무 집중하지는 마세요"라는 말을 남기고 웃으며 방을 나갔습니다. 교정지를 보는 일은 집중하고 신경을 써야 하니 의사로서는 금지시켜야 했을 겁니다. 스트레스는 제 병의 가장 큰 적일 테니까요. 하지만 저는 그 일이 제 목숨을 깎아먹는다고 해도 하고 싶었습니다. 그저 유작이 되지 않기만을 바라면서 생전에 어떻게든 책을 내고 싶었습니다.

그날 이후, 매일 회진 때마다 의사와 이야기를 나누게 되었습니다. 병에 대한 이야기뿐 아니라 제가 병실에 가지고 온 책을 보며 철학과 문학 이야기도 나누었습니다.

하루는 의사가 말했습니다.

"책을 계속 쓰세요. 책은 나중에 남으니까요."

책은 남아도 당신은 남지 않는다는 의미로 들리니 의사라면 해서는 안 될 말이었지요. 하지만 그 의사는 제가 무엇을 중요하게 생각하고 있는지 알았던 것 같습니다.

저는 환자가 자신의 인생을 잘 마무리하도록 보살피는 게 의료진이 할 일이라고 생각합니다. 그러나 환자가 입원하기 전에 사회에서 어떤 삶을 살고 있었는지 의료진이 알지 못한다면 그런 보살핌은 꿈도 꿀 수 없습니다.

환자와 그 가족들은 단지 환자로만 보이고 싶지는 않을 것입니다. 아버지의 간병을 하던 때에 저는 간호사들에게 아버지의 젊은 시절 사진을 보여주었습니다. 아버지가 현재 어떤 상황에 처해 계시든 지금까지 살아온 긴 인생이 있으셨음을 그들이 알아주길 바랐기 때문입니다.

《빙벽》으로 유명한 일본의 대표적인 역사 소설가인 이노우에 야스시井上靖는 병실에 카펫을 깔고 좌식책상을 가지고 와서 소설을 썼다고 합니다. 병마와 싸우며 원고를 쓰는 그에게 어느 누가 병원 규칙을 어기면 곤란하다고 말할 수 있었을까요?

영어 단어 'life'에는 '생명'뿐 아니라 '생활', 나아가 '인생'이라는 의미도 있습니다. 의료진의 일이란 단순히 생명을 회복시키는 데에만 국한되지는 않습니다. 회복하지 못하는 사람이 더 많을 수도 있습니다.

설사 죽음이 다가온다고 하더라도 나답게 살 수 있으면 좋겠습니다. 그것을 도와주면 좋겠습니다. 저는 다행히 회복하여 일상으로 돌아올 수 있었지만, 병이 나아 살게 된 것보다 더 고마운 일은 의사와 간호사를 비롯해 병원의 스태프들이 저를 치료가 필요한 환자로만 보지 않고 한 사람의 인간으로 대해주었다는 사실입니다.

입원했을 때는 이대로 눈을 감으면 다시 못 뜰 수도 있겠다는 생각에 잠이 드는 것이 두려웠습니다. 하지만 하루를 만족스러운 기분으로 끝낼 수 있는 날이 오자 오늘이 마지막 잠이 될지도 모른다는 두려움 따위는 사라졌습니다.

나중에는 입원해 있는 게 즐거워 보인다며 아내에게 놀림을 받을 정도였으니까요.

"시간이 흐르고 아버지 때는 임종을 지킬 수 있었습니다.
아버지는 평온한 모습으로 돌아가시긴 했는데,
마지막 숨을 거두실 때의 모습에는
무어라 표현할 수 없는 긴박감 같은 것이 있었습니다.
불현듯 어머니는 그런 마지막 모습을 제게
보여주고 싶지 않으셨던 건지도 모르겠다는 생각이 들었습니다."

2장

마지막 순간을
미리 준비할 수
있다면

● 지금 이곳에
■ 있어도 된다는 것

아버지는 비록 치매를 앓으셨지만 아버지가 하신 이야기들은 전후 맥락이 통해서 듣는 사람 입장에서는 아무런 이상한 점을 느끼지 못하는 경우가 많았습니다. 앞에서 말했듯이 오히려 제게 사실이냐고 확인하는 경우도 있었습니다. 아버지로부터 제가 미혼이라는 이야기를 들은 간호사가 정말이냐며 제게 다시 묻듯이요.

아버지의 이야기는 꿈을 꾸는 것과 흡사했습니다. 꿈이라고 늘 황당무계하지는 않으니까요. 가끔은 전후 맥락이 맞아떨어지기도 합니다. 그러나 아무리 앞뒤가 들어맞는다고 해도 꿈은 어디까지나 꿈일 뿐 현실은 아닙니다. 눈을 뜨면 그 것으로 끝이지요.

설사 눈을 뜨지 않더라도 '이건 꿈 같은데?'라고 생각하기 시작한 시점에서 꿈속의 논리는 무너져 내립니다. 어느 정도 줄거리는 통하지만, 눈을 뜨는 순간 마치 모래성처럼 무너지고 맙니다. 아버지의 논리는 눈 뜨는 일 없이 꿈꾸는 인간의 그것과 닮은 부분이 있었습니다.

"무슨 말씀이세요? 아드님은 결혼하셨잖아요."

"그렇지 않아. 난 결혼식에 간 적이 없단 말일세."

이렇게 확신에 가득 차 말하는 것을 들으면 듣는 쪽에서도 '내가 잘못 알았나?' 싶은 마음이 들지도 모릅니다.

아버지는 밥을 먹었다는 사실도 잊어버리시는 일이 잦았습니다. 그런 때는 "방금 드셔놓고선 왜 그러세요!"라고 화를 내지 말고, 그냥 "방금 드셨잖아요"라고 말하면 됩니다. 그렇게 말씀드리면 더 이상 고집부리지는 않으셨습니다.

이야기의 내용이 분명 이상해도 아버지가 위험할 것 같지 않으면 부정하지는 않았습니다. 굳이 정정해서 아버지께 혼란을 줄 필요는 없었으니까요. 다만 아버지가 갑자기 쓱 일어나서 밖으로 나가시겠다고 할 때면 놀라서 겁을 먹었습니다. 아버지는 더 이상 혼자서 외출할 수 있는 몸이 아니셨으니까요.

아버지는 두 달간의 병원 생활을 마치고 집으로 돌아오셨습니다. 그리고 얼마 지나지 않은 어느 날, 언제나처럼 아침을 드신 후에 한숨 주무신 아버지가 조금 이른 시각인 10시경에 일어나 거실로 나오셨습니다. 무언가 골똘히 생각하는 표정으로 저를 바라보시더니 대뜸 "오늘 중으로 돌아가자"라고 하시는 겁니다. 깜짝 놀랐지만 일단 소파에 앉으시도록 하고 이야기를 들어봤습니다.

아버지는 여기는 우리 집이 아니니 '진짜 우리 집'으로 돌아가야 한다고 생각하고 계셨습니다. 저는 이곳이 진짜 우리 집임을 알려드렸습니다.

"아무 데도 안 가셔도 돼요."

"여기가 우리 집이라는 거냐?"

"그럼요. 작년에 전에 살던 집에서 이 집으로 옮겨왔잖아요. 여기는 옛날에 아버지가 결혼하신 후부터 쭉 사시던 집이에요."

아버지는 어머니와 이 집에서 살았던 시간을 잊어버리신 상태였습니다. 어쨌든 이곳은 가짜 집이 아닌 지금 우리가 살고 있는 집이니 더 이상 아무 데도 갈 필요가 없다는 사실을 전했습니다.

"그럼 이제 어디로든 갈 필요가 없다는 거지? 나는 쭉 집으로 돌아가야겠다는 생각만 했어. 이봐, 저기 나무가 있지? 위쪽을 잘라주었더구나. 그때 생각했지. '봄이 되면 다시 자라나겠지만, 나는 곧 집으로 돌아갈 건데 왜 그런 거지?' 하고 말이다."

아버지는 정년퇴직 후에 계열사에 재취업을 하시고 오랫동안 요코하마에서 혼자 사셨습니다. 아버지가 오늘 중으로 돌아가겠다고 말한 그 집이 요코하마의 집을 말씀하시는 것인지, 아니면 요코하마 쪽 일을 그만두고 다시 이사해서 혼자 사셨던 집을 말씀하시는 것인지 확실하지는 않았습니다. 하지만 차근차근 말씀드리자 결국에는 여기가 지금 살고 있는 집이라는 사실을 받아들이셨습니다.

'지금 이곳에 있어도 좋다'고 생각하는 것은 정신적으로 매우 중요합니다. 돌아가지 않아도 된다는 사실을 받아들이신 아버지는 조금 안정되신 듯 보였습니다.

"그럼 이제 어디로든 갈 필요가 없다는 거지?
나는 쭉 집으로 돌아가야겠다는 생각만 했어.
이봐, 저기 나무가 있지? 위쪽을 잘라주었더구나.
그때 생각했지. '봄이 되면 다시 자라나겠지만,
나는 곧 집으로 돌아갈 건데 왜 그런 거지?' 하고 말이다."

안개 밖 세상을 보고
괴로워하실지라도

아버지는 대체로 안갯속에 살고 계셔서 안개 밖 세상에 대해서는 모르시는 것처럼 보였습니다. 항상 꿈속에 사시는 것처럼 보이다가도 상태가 좋아질 때면 갑자기 꿈의 세계에서 빠져나오셨습니다. 이렇게 아버지의 정신이 맑아지면 저는 갑자기 불안해졌습니다.

아버지는 몸의 컨디션이 좋고 날씨도 좋은 날에는 "잠깐 이발 좀 하고 오마"라고 말을 꺼내셨습니다. 어디에서 이발해야 할지도 모르고 돈도 없으신데 말입니다. "돈은 있으세요?"라고 물어보면 처음으로 '돈'이라는 것이 아버지의 의식에 들어

오신 듯했습니다. 병이 드신 후 아버지의 금전 관리는 제가 맡아서 하고 있었기 때문에 아버지는 자유롭게 쓸 수 있는 돈이 없으셨습니다.

항상 당신의 생활 기반에 대해 의식하는 것은 아니시지만, 혼자서는 생활할 수 없다는 현실을 인식해야 하는 순간이 때때로 올 때마다 아버지를 괴롭혔을 것입니다. 그러면 아무것도 모르는 편이 좋을까요? 꼭 그렇지는 않습니다.

괴로운 것이 인생입니다. 사는 것은 괴로움의 연속입니다. 회복되는 것이 오히려 본인을 괴롭히고 돌보는 사람을 곤혹스럽게 할 때도 있지만, 이 또한 회복의 단계라고 생각합니다.

하루는 아버지가 부르시는 소리에 방으로 들어갔더니 "한 번 읽어봐라" 하며 한밤중에 쓰신 노트를 제게 보여주셨습니다. 간병을 시작했을 즈음 아버지가 노트에 몇 시에 밥을 먹었는지와 같은 짧은 메모를 남겨두신 것은 알고 있었습니다. 하지만 언제부터인가 그마저도 하지 않으시더군요. 글씨는 읽기 힘들고 군데군데 의미가 잘 연결되지 않는 부분도 있었습니다. 그래도 긴 문장이 있는 것을 보고 놀랐습니다. 더 이상 아버지가 긴 문장을 쓰실 수 없으리라 생각했기 때문입니다.

언제나 안갯속에 계셔서 안개 밖 세상이 있다는 것조차 모르시는 아버지. 그런데 노트에 이런 글을 쓰실 때는 안개가 걷혔던 모양입니다. 잊고 있었던 과거와 바깥 세계를 잠깐 본 것만으로 아버지는 심한 불안을 느끼셨겠지요. 배가 고픈데 돈이 얼마 없어서 음식을 사먹을 수 없다든가, 친구와 이야기하고 싶은데 휴대전화가 어디 있는지 찾을 수 없어서 유감이라든가 하는 것들이 적혀 있었습니다.

사실 그맘때쯤 아버지는 이미 휴대전화를 사용하실 수 없었습니다. 그럼에도 만약 한밤중에 무슨 일이라도 생기면 곤란하다고, "너에게 연락을 할 수 없어서 문제란 말이다"라며 가끔 생각났다는 듯 제게 휴대전화 이야기를 하시곤 했습니다. 실제로 아버지가 염려하셨던 것처럼 한밤중에 넘어지셔서 골절이 된 일도 있었습니다.

'만약 무슨 일이 생기면 어떡하지?'라는 불안이 때때로 아버지를 엄습하는 모양이었습니다. 아버지가 불안해지는 것은 안개가 걷혔을 때뿐입니다. 하지만 저는 그 불안에서 아버지를 지켜드릴 수 없었습니다. 아버지의 의식을 다른 곳으로 돌릴 수 없었습니다.

간병하는 사람은 부모님이 자신의 상황을 제대로 인식하

지 못하고 밖으로 나가려고 하다 사고로 이어지는 일이 없도록 주의를 기울여야 합니다. 그러나 거기까지입니다. 부모님이 안개 밖에 있는 세상을 보고 괴로워할지라도, 그래서 그 모습을 지켜보는 것이 힘들지라도 돌보는 사람이 할 수 있는 일은 없습니다. 부모님이 스스로 해결하는 수밖에 없습니다.

이야기를 들어주는 것만으로도 부모님이 안심하기도 하니까 경청하는 태도를 보이는 게 좋습니다. 저도 아버지의 이야기는 인내심을 가지고 들었습니다. 몇 번이나 반복되는 이야기는 아버지에게 중요한 일이기도 해서 그런 이야기는 특히 잘 들어두려고 노력했습니다.

물론 안개가 걷혔다고 해서 아버지가 항상 괴로워만 하셨던 것은 아니었습니다. 어느 날, 아버지는 저녁식사 후 멍하니 창밖을 바라보시다가 갑자기 "비가 오냐?" 하고 물으셨습니다. "지금은 안 내리는데요"라고 대답하자 이렇게 말씀하셨습니다.

"비가 그치면 가. 조심해서 가라. 나도 자야겠다."

저는 대개 아버지가 사시는 본가에 아침 7시 30분경에 와서 식사 준비를 하거나 이런저런 일을 하다가 저녁에 아버지가 잠이 드시면 집으로 돌아왔습니다. 저녁을 드시고 나면 아버지는 언제나 바로 주무셨기 때문에 저는 그 후에 설거지를 하고 걸어서 15분 정도 걸리는 우리 집으로 돌아왔습니다.

아버지는 대부분 자기가 어디에 있는지, 왜 여기 있는지 알지 못하셨습니다. 그때까지 아버지는 예전에 함께 살고 있던 때처럼 종일 제가 집에 있다고 믿고 계셨습니다. 그런데 그날은 "비가 그치면 가"라고 하셨습니다. 그 순간만큼은 아버지는 자신이 놓여 있는 상황과 이곳에 있는 이유를 완벽하게 인식하셨던 것입니다.

치매가 회복된다는 것은 이런저런 일을 기억해낼 수 있게 되는 것이 아니라, 자신이 어떤 상황에 놓여 있는지, 이 세계에서 어떤 인간관계 안에 있는지를 이해할 수 있게 되는 것입니다.

"언제나 안갯속에 계셔서 안개 밖 세상이
있다는 것조차 모르시는 아버지.
잊고 있었던 과거와 바깥 세계를
잠깐 본 것만으로 심한 불안을 느끼셨겠지요."

● ■ 생각해내려고 애쓰기보다
처음부터 시작하면 된다

깊은 잠에 빠졌다가 깨어나면 잠시 멍해져서 이것이 꿈인지 생시인지 알 수 없을 때가 있습니다. 하지만 보통은 바로 현실로 돌아오기 때문에 꿈의 잔상이 그대로 유지되지는 않습니다. 그런데 아버지는 아니셨나 봅니다.

눈을 떴어도 꿈속에서의 감정이 채 가시지 않는 경우가 있긴 하지요. 예를 들어 외출할 예정이었는데 나가고 싶지 않을 때는 그런 마음을 대변하듯 나쁜 꿈을 꿉니다. 그리고 그 꿈을 의식하며 나가지 말까 생각합니다. 핑곗거리를 만드는 것이지요. 그저 감정을 만들어내는 게 중요할 뿐 꿈의 내용은 뭐라도 상관없습니다. 사실 꿈을 꾸었다 해도 어떤 꿈이었는지 기억 못하는 경우가 더 많을 것입니다.

하지만 아버지의 경우는 달랐습니다. 감정만 남는 게 아니었습니다. 하루는 이런 말씀을 하시더군요.

"꿈을 꿨다. 아니, 꿈인지 생시인지 잘 모르겠어. 요즘은 정말 머리가 이상해진 게 아닌가 싶구나."

아버지는 꿈과 현실을 구별할 수 없다고 말씀하셨지만, 보통은 꿈인지 현실인지 모를 수 없습니다. 여행지에서 눈을 떴을 때 항상 보이던 풍경이 아니라서 순간 여기가 어디인지 생각할 수는 있습니다. 하지만 그다음 날에도 똑같은 순간을 경험하지는 않지요. 이미 집이 아니라는 사실을 인식하고 있으니까요. 그런데 아버지의 경우는 그렇지 않았습니다. 병원에 입원해 계시면서도 한밤중에 눈을 뜨면 매번 여기가 어디인지 싶으셨던 겁니다. 결국 병실을 나와 그대로 병원 안에서 길을 잃어버리신 일도 있었으니까요.

꿈을 꾸셨다는 아버지에게 어떤 꿈이냐고 물어보았습니다.

"교토였던 것 같아. 두 번째 골목에서 왼편으로 돌면 바로 우리 집인데, 친하게 지내던 전파상 아주머니가 일부러 나와서는 내 몸이 안 좋아 보인다면서 차로 태워다주더구나. 그렇게 집에 가니까 꿈에 자주 나왔던 사람이 있었어. 그 사람이 누군지는 모르겠다. 옆모습이 조금 보일 뿐인데, 그 사람이 글쎄 '여긴 당신 집이 아니야. 돌아가!' 그러는 거야."

아버지의 상태가 이상하다면서 근처에 사시는 분이 아버지를 집까지 데려다주셨던 것은 실제로 있었던 일입니다. 그즈음 아버지는 혼자 외출하시면 집을 찾아오지 못하셨습니다.

아버지는 과거의 많은 일을 잊어버리셨습니다. 그런 일들을 생각해내는 것이 아버지에게 행복한 일인지 어떤지는 제가 판단할 수 없습니다.

하루는 아버지가 이런 꿈 이야기도 하셨습니다.

"부인이십니까?' 하고 묻는 사람이 있어서 슬쩍 얼굴을 봤는데, 누구인지 잘 모르겠더구나."

꿈속에서 누군가와 같이 있으신 듯한 아버지는 25년을 함께 살아온 어머니를 잊어버리신 것입니다. 언젠가 아버지가 당신이 어머니를 기억하지 못한다는 사실에 대해 "얼마나 쓸쓸한 일인지 모른다"라고 하신 적이 있었는데, 그렇게 말씀하셨을 때의 아버지는 어머니를 잊었다는 사실을 받아들이신 것입니다. 하지만 쓸쓸하다고 하셨어도 "그래서 어떻게든 기억해내고 싶다"라고는 말씀하지 않으셨습니다. 오히려 이렇게 말씀하셨습니다.

"잊어버린 것은 어쩔 수 없지. 이제 과거의 일은 전부 잊고 처음부터 다시 시작하고 싶구나."

이것은 결코 체념이 아닐 것입니다. 잊었다고 해도 의미 없이 잊어버린 게 아닙니다.

저는 아버지가 지금 살고 계신 집에서 태어나고 자랐지만, 아버지는 그런 기억도 잊으셨습니다. 옛날 일을 다른 사람에게 듣는다고 해도 마치 전생 이야기를 듣는 것과 같을 테지요. "전생에서 당신은 누구누구였습니다"와 같은 이야기를 들었다고 해서 어떻게 그 인물과 자신을 연결 지을 수 있을까요? 아무런 공감도 할 수 없을 것입니다. 물론 증명할 수도 없지요. 지금의 인생이라면, 설혹 기억상실증에 걸려서 과거의 일을 거의 잊었다고 해도 증인이 있습니다. 기억을 잊어버린 당사자도 과거의 자신을 알고 싶어 할 수도 있고요.

그러나 아버지는 달랐습니다. 어머니와 이 집에서 살았다고 말씀드려도 그 사실은 그저 역사 교과서를 읽었을 때와 별반 다르지 않았습니다. 교과서에 실린 사건과 날짜, 설명을 읽어봤자 자기와는 별 상관없는 일이니까요. 출중한 상상력을 발휘하지 않는 한 아무런 감흥도 없습니다. 아버지에게 잊어버린 과거는 그저 역사 교과서에 실린 이야기일 뿐이었던 것이지요.

어렸을 때 아버지가 나고 자라신 시골집에 간 적이 있습니다. 그때 제가 집 안으로 날아든 벌에 쏘여 한바탕 난리가 났었습니다. 모두 놀라 식은땀을 흘렸던 일이었건만, 그때 계셨던 어른들이 다 돌아가셔서 그 사건을 알고 있는 사람은 이제 저와 아버지 둘뿐입니다. 그런데 아버지는 더 이상 그 일을 기억하지 못하십니다. 그러니 그 일을 실제 겪었던 저도 정말 그런 일이 있었는지 장담할 수 없게 되었습니다.

아버지는 과거를 잊으셨습니다. 증인을 잃은 저도 과거의 일부를 잃어버렸다고 할 수 있습니다. 부모님이 과거를 잊어버리는 과정을 지켜보는 일이 괴로운 것은 단지 부모님들만의 문제로 끝나는 것이 아니기 때문입니다. 부모님과 함께 살아온 세월 속의 자신 또한 지워진 것 같은 기분이 들기도 하니까요.

어느 날, 아버지께서 어머니가 생각났다고 하시더랍니다. 저는 그 자리에 없었는데 누군가 보여준 사진을 보며 그렇게 말씀하셨다더군요. 그것은 무엇을 의미하는 것일까요? 아버지는 어떤 게 생각나신 것일까요? 어머니의 얼굴? 어머니와 함께했던 나날? 어머니에게 가졌던 아버지의 마음이 생각나신 것은 아니겠거니 싶었습니다.

이미 잊어버린 과거를 군이 생각해내려고 애쓸 필요가 있을까요? 과연 그럴 만한 가치가 있는 것일까요? 제 아버지가 말씀하신 것처럼 처음부터 다시 시작하면 됩니다.

조금씩 이런저런 일들을 잊어버리시는 아버지를 보면서 언젠가 만약 제 아내가 저를 누군지도 알아볼 수 없게 된다면 어떻게 할까 생각해봤습니다. "당신은 내 아내야"라면서 사이좋게 찍은 사진을 보여주어도 사랑이 돌아올 리는 만무했습니다.

만약 아내가 저를 잊어버리면, 그 시점에서 다시 새롭게 아내와 연애를 시작하면 됩니다. 매일 관계를 새롭게 만들어나가면 되는 것이지요. 어제부터 시작된 관계를 오늘로 이어나가는 것이라 생각하지 말고 오늘부터 새롭게 시작한다는 마음가짐이 필요합니다. 물론 앞일은 아무도 모릅니다. 내가 먼저 아무것도 기억할 수 없게 될지도 모를 일이지요.

● 아버지에게는 '지금, 여기', ■ 현재형밖에 없다

아버지의 간병을 시작하면서 저는 많이 놀랐습니다. 아버지는 아침에 산책 나가셨던 것도 저녁이 되면 잊어버리셨습니다. 제가 아버지의 병에 익숙해지는 것보다 아버지의 병이 진행되는 속도가 더 빨랐습니다. 결국 아버지는 방금 한 이야기나 행동도 바로 잊어버리게 되셨습니다. 방문 간호사와 간병인이 일을 마치고 돌아갈 때 현관까지 배웅을 하고 아버지한테 돌아오면, 이미 아버지는 간호사와 간병인이 왔다갔다는 사실도 잊으신 상태였습니다. 결국 이런 일에는 익숙해지긴 했습니다만, 아마 다른 많은 사람도 간병을 하면서 이런 일을 겪을 때 가장 곤혹스럽지 않을까 싶습니다. 무엇을 하든 부모님이 바로 잊어버린다면 다 헛수고라는 생각만 들게 됩니다.

이전 일에 대해서 물었을 때 '잊어버렸다', '모르겠다'와 같은 대답이 나오리라는 사실을 듣기 전부터 알고 있었다면 일부러 물을 필요는 없겠지요. 밥 먹는 일도 마찬가지입니다. 먹은 것을 바로 잊어버린다는 사실을 확실히 알고 있다면, 굳이 기억하냐고 물을 필요가 없습니다. 혹시라도 기억할지 모른다는 기대감에 묻기도 하겠지만, 시험하듯이 질문하는 행위는 부모님과의 관계에 좋은 영향을 주지 못합니다.

한번은 아내가 저를 대신해 아버지와 함께 시간을 보낸 적이 있습니다. 일을 마치고 늦게 아버지 집에 갔는데, 아버지는 이미 저녁식사를 마치신 뒤였습니다. 아버지에게 인사를 건네며 저는 "저녁 드셨어요?"라고 물어보았습니다. 이미 알고 있는 사실이라 물어볼 필요도 없었는데 말이지요. 제 질문에 아버지는 이렇게 말씀하셨습니다.

"먹었는지 안 먹었는지 기억 못 하면 밥을 또 주려고?"

그러시고는 크게 웃으셨습니다. 한 방 먹은 기분이었습니다.

아버지는 현재와 여러 개의 과거를 자유자재로 엮어서 살고 계신 듯 보였습니다. 아버지의 시제에 과거형은 없었습니다. 현재형만 사용하셨습니다. 아버지에게는 현재형밖에 없구나, 그렇게 생각하니 아버지의 말씀과 행동이 쉽게 이해되었습니다.

하루는 간호사와 함께 흡연과 음주에 관한 이야기를 나누게 되었습니다. 아버지는 "지금은 술을 별로 못 마셔요. 어울려서 조금 마시는 정도지요"라고 말씀하셨습니다. '지금'의 때에 아버지가 말하는 '어울림'은 없었습니다. '지금'에는 없는 과거의 시간 축에 서서 그것을 '지금'이라고 보고 생활하고 계신 것이었습니다.

사실 과거라는 게 '지금' 상기되는 한 현재니까 아버지가 틀리다고만 할 수는 없지요. 실제의 '지금'을 현재, 상기시키고 있는 기억을 과거라고 보고 거기에 시간적인 질서를 만들 수는 있습니다. 물론 그것이 항상 제대로 들어맞는다고는 할 수 없지만요.

하루는 아버지가 간호사에게 이렇게 말씀하셨습니다.

"이렇게 가만히 있으면 숨쉬기가 편해요. 근데 내가 원래 협심증이 있어서……. 더 이상 낫지 않으니 어쩔 수 없지만, 움직이면…… 그러니까 1층에 있는 화장실에 갔다가 계단을 오르려면 숨이 끊어질 것 같아요."

1층에 화장실이 있는 것은 사실이었습니다. 하지만 아버지가 이 말씀을 하실 때는 이미 위험해서 계단을 사용하지 않고 있는 상황이었습니다. 즉 실제로는 계단을 오르내릴 일이 없었던 것이지요. 저는 그것을 알고 있었기에 아버지가 그 당시가 아닌, 과거에 계단을 오르내리던 일을 이야기하고 계시다는 것을 알았습니다. 하지만 아버지는 그때도 계단을 오르내리며 화장실에 다녀온다고 하셨지요. 그런 것을 보면 아버지에게는 과거와 현재가 따로 구별되는 것 같지 않았습니다.

간호사가 변을 보는 것은 어떠시냐 하고 물었더니 아버지는 "그게, 요즘에는 잘 안 나오네요"라고 답하셨습니다. 사실 그즈음에는 관장을 하고 있어서 아버지는 배변 활동에 어려움이 없었습니다. 그 때문에 간호사가 방문하는 것이었으니까요.

아버지가 현재형의 세계에 살고 계시다고 해도 그것을 굳이 정정할 필요는 없습니다. 부모님의 말씀이 사실이 아니더라도 부모님에게 위험하거나 해가 되는 일이 아니라면 큰 문제가 없습니다. 제가 이렇게 대응하는 것은 아버지가 하시는 말씀을 전적으로 인정해서가 아닙니다. 그보다는 저도 '아버지에게 있어서의 사실'로 받아들이고 싶기 때문입니다.

"아버지는 현재와 여러 개의 과거를
자유자재로 엮어서 살고 계신 듯 보였습니다.
아버지에게는 현재형밖에 없구나, 그렇게 생각하니
아버지의 말씀과 행동이 쉽게 이해되었습니다."

● 과거는 의미가 없다,
■ 새로운 관계는 지금부터

　　　　　부모님과의 관계가 좋았던 사람이라면 부모님에게 보살핌이 필요해졌다고 해도 비교적 간병하기가 쉬울지 모릅니다. 하지만 "우리 가족은 예나 지금이나 변함없이 사이가 좋습니다"라고 자신 있게 말할 수 있는 사람이 얼마나 될까요? 부모님과 함께 살아온 긴 세월 동안 이런저런 충돌이 있었던 사람이라면 마음이 복잡할지도 모릅니다. 그래도 부모님에게 보살핌이 필요해졌을 때, 자식은 다시 부모님과 마주 앉을 필요가 있습니다.
　　어쩌면 부모님은 과거의 일을 전부 잊어버렸을지도 모릅니다. 물론 그것으로 지금까지의 문제가 해결되지는 않습니다. 자식은 과거의 일을 언제까지고 마음에 담아두고 있을 테니까요. 그러니 보살핌이 필요한 부모님을 앞에 두고 어찌할 바를 모를 수밖에요.

언젠가 아버지가 갑자기 "잊어버린 것은 어쩔 수 없지"라는 말씀을 하신 적이 있다고 했습니다. 그러면서 "과거의 일은 전부 잊고 처음부터 다시 시작하고 싶다"라고 하셨다고요. 그때의 아버지는 제가 어렸을 때부터 알고 있던 아버지셨습니다.

평소에는 깊은 안갯속에 갇혀 있는 것같이 보이던 아버지가 때때로 안개가 걷힌 듯 병드시기 전의 아버지로 돌아오실 때가 있습니다.

과연 그것이 아버지에게 행복한 일인지 아닌지는 성급히 판단할 수 없지만, 아무튼 그렇게 말씀하시던 그날의 아버지는 아버지를 둘러싸고 있던 안개를 걷어내고 병드시기 전의 모습으로 돌아와 계셨습니다.

안갯속에 있을 때는 잊어버렸다는 사실 자체도 알지 못합니다. 그날 아버지는 과거의 일이 생각난 것은 아니셨지만 분명 잊었다는 사실을 인식하고 계셨습니다. 이전에도 아버지는 자주 "잊어버렸다는 사실을 알 수 없게 되는 게 두렵다"라고 말씀하시곤 했는데, 그때의 아버지로 돌아가신 듯했지요.

저도 아버지와 관계가 좋지 않았던 적이 있습니다. 그리고 그때는 수많은 기억 중 아버지와 사이가 좋지 않았다는 사실을 뒷받침할 만한 기억만을 떠올렸습니다. 그중 최악의 기억은 초등학생이던 시절 아버지에게 매를 맞은 일입니다.

그런데 지금 생각해보면 '정말 그런 일이 있었나?' 싶습니다. 사실 잘 모르겠습니다. 그 일을 알고 있는 사람이 저 말고는 아무도 없는 데다 누구도 그런 장면을 목격한 적이 없기 때문입니다.

아버지에게 매를 맞았던 것과 같은 큰일이 아니더라도 부모님과 저 사이에 있었던 일이 실제 있었던 사실인지 아닌지를 증명하는 것은 솔직히 좀 힘듭니다. 여러 사람이 증언을 해준다면 모르겠지만, 두 사람밖에 모르는 일인 데다 한 사람이 "그런 일 없었다!"라고 한다면 진실을 증명할 길이 없습니다.

사실 아버지에게 매를 맞았던 일 따위는 없었는지도 모르지요. 그럼에도 이따금 그때의 일이 생각나는 것은 아버지와 거리를 두자고 결심했던 탓입니다. 솔직하게 말하자면, 과거의 일과는 상관없이 지금 이 순간부터 부모님과 사이가 좋아질 수 있습니다. 사이가 좋아지면 부모님과 사이가 나빴던 기억은 필요 없어집니다.

제 경우는, 아버지가 과거의 일을 잊어버렸다고 선언하셨기에 저는 아버지와의 과거가 사라졌음을 인정하고 거기서부터 출발할 수밖에 없었습니다. 과거를 돌아보았자 의미는 없습니다. 과거에 부모님과 사이가 좋지 않았다 하더라도 지금은 그리로 눈을 돌리지 말자고 스스로에게 다짐해야 합니다.

'사이가 좋아질 수 있다'고 말하긴 했지만, 간병을 시작할 때 부모님과 사이가 좋아져야겠다는 높은 목표는 처음부터 세우지 않는 것이 좋습니다. 큰 마찰 없는, 평온한 생활을 목표로 시작하는 것이 좋습니다. 원래 부모님과 별로 대화가 없었고 대화를 하다가도 어느새 싸움으로 번지는 일이 잦았다면, 부모님과 단번에 사이가 좋아지기란 어려운 일입니다. 불가능하진 않지만 쉬운 일은 아니라는 것이지요.

그렇다고 겁부터 먹을 필요는 없습니다. 달성할 수 있는 목표부터 시작해 조금씩 관계를 변화시키면 됩니다. 처음에는 그저 같은 공간에서 온화한 마음으로 함께 있는 것부터 시작해보세요.

"과거를 돌아보았자 의미는 없습니다.
과거에 부모님과 사이가 좋지 않았다 하더라도
지금은 그리로 눈을 돌리지 말자고
스스로에게 다짐해야 합니다."

함께 보내는 시간을
소중히 여겼어야 했는데

상대를 있는 그대로 보는 것. '존경하다'라는 말
에 담긴 의미입니다.

'존경하다'는 영어로 'respect(리스펙트)'라고 합니다. '보다'
혹은 '돌아보다'라는 의미의 라틴어 'respício(레스피치오)'에서
나온 말입니다.

무엇을 돌아본다는 말일까요? 일상에서 무심코 잊어버린
것, 예를 들어 '이 사람은 내게 무엇과도 바꿀 수 없는 사람이
다', '지금은 우리가 이렇게 함께 살고 있지만 결국은 헤어져
야 하는 날이 올 것이다', '그때까지 하루하루를 소중히 여기

94

고 사이좋게 살아가자'와 같은 마음을 돌아본다는 뜻입니다.

아무런 일이 없는 평온한 나날을 보내고 있을 때는 가족의 중요성을 잊어버리기 십상입니다. 그러다 가족 중 누군가 병이 나거나 사고가 생기면, 그제야 그 사람과 함께 살아가는 일이 결코 당연한 게 아님을 깨닫게 됩니다.

제 어머니도 어느 날 몸이 이상하다고 느껴 병원에 가셨다가 뇌경색이라는 진단을 받고 입원하셨습니다. 회복을 위해 입원해서 재활치료도 받으셨지만, 한 달 후 다시 발작을 일으켰고 이를 계기로 어머니의 병세는 급격히 악화되었습니다. 그래서 병원을 옮기기로 했지요.

뇌신경외과가 있는 병원으로 옮기는 날, 한 달 만에 밖으로 나오신 어머니가 눈이 부신 듯 하늘을 올려다보시던 모습이 생각납니다. 뇌신경외과로 간다는 사실이 어머니에게는 많이 불안했을 것입니다. 이제부터 어떻게 되는 거냐고 물으시는 어머니에게 저는 아무런 말도 하지 못했습니다.

아직 의식이 있으셨던 처음 한 달간은 어머니와 감정적 대립도 있었습니다. 제가 처한 상황은 아랑곳하지 않고 지금 바로 이것저것 사다 달라고 하셔서 '왜 저렇게 당신 마음대로만 하시려는 걸까?' 하며 분개한 일도 있었습니다. 하지만 곧 합병증으로 폐렴에 걸리신 어머니는 의식을 잃으시고 말았습니다.

어머니와 어떤 대화도 나눌 수 없게 되자 저는 어머니와 싸웠던 시간마저 소중하게 느껴졌습니다. 의식이 있으셨던 때에 왜 어머니와 좀 더 많은 이야기를 나누지 않았을까, 싸움 같은 것은 하지 말고 함께 보내는 시간을 소중히 여겼어야 했는데, 하는 후회가 들기도 했습니다.

어머니가 병으로 쓰러지시기 전에는 이런 날이 오리라고는 꿈에도 생각지 못했습니다. 소중한 시간을 낭비했구나, 하며 저는 자책했습니다. 의식 없이 누워 계신 어머니의 머리맡에서 몇 번이고 후회했습니다. 이러한 후회를 하지 않아도 되게끔 '하루하루 이 사람과 함께 살며 사이좋게 생활하자'라고 끊임없이 생각하는 것이 '존경'입니다.

하루는 아버지께서 "아무리 생각해봐도 앞으로의 인생이 더 짧은 것 같다"라고 말씀하셨습니다. 앞날을 생각하며 시간이 없다고 초조해하는 저보다 여유 있어 보이더군요. 앞으로의 인생이 짧다는 것은 아버지와 함께 보낼 날도 얼마 남지 않았다는 뜻입니다.

어쩌면 그것은 매우 당연한 일인데, 문득 아버지와 헤어질

것을 생각하니 어머니 때의 일이 떠올랐습니다. 그때 일을 곱
씹으며, 이별의 날이 오고 있다면 쓸데없이 아버지와 다투며
시간 낭비는 하지 말자고 다짐했습니다.

● 과거의 부모님을 지우고
■ 현실의 부모님을 받아들이기

부모에게 자식은 이번 생에서 처음 만난 인연입니다. 아기 때는 자기 힘으로 무엇 하나 할 수 없었던 자식이 조금씩 자라면서 무언가 할 수 있게 되면 아무리 사소한 것이라도 부모는 기뻐합니다.

부모는 현실의 자식을 두고 이상의 자식을 꿈꾸기도 합니다. 그런데 이상의 자식은 부모가 품는 이미지일 뿐 현실의 자식과는 관계가 없습니다. 부모가 이상의 이미지를 버리고 현실의 자식을 받아들이는 것이 때로는 힘들지만 불가능한 일은 아닙니다.

그런데 부모의 경우는 조금 다릅니다. 부모에게 간병이 필요해지기 전까지 함께 보낸 역사가 있기 때문에 자식들에게는 이전의 무엇이든 할 수 있었던 부모의 이미지가 남아 있습니다. 그것이 그대로 이상 속 부모가 되기도 합니다.

일본 작가인 기타 모리오北杜夫(본명 사이토 소키치)는《청년 모키치靑年茂吉》라는 책에서 정신과 의사이자 시인이었던 그의 부친인 사이토 모키치齋藤茂吉에 대해 이렇게 말했습니다.

"어린 시절 그토록 무섭고 대하기 어려운 존재였던 아버지는 느닷없이 내가 존경하는 별개의 가인歌人으로 변모했다. 나는 돌변한 아버지를 존경하게 되었고, 고등학생 때는 아버지의 곡을 흉내 내며 서투른 노래를 부르기도 했다."

점점 사이토 모키치에게 드리워지는 노인의 그림자를 기타 모리오는 놓치지 않았습니다. 사이토 모키치는 산책을 나갈 때면 언제나 수첩을 가지고 다니면서 단가短歌를 적었습니다. 기타 모리오는 그 수첩을 슬쩍 훔쳐서 읽고는 부친이 아직 왕성한 창작욕이 있다는 것을 알고 안도하기도 하고, 변변찮은 단가를 발견하면 부친이 쇠약해진 것에 상심하기도 했습니다. 안도하는 것보다 상심하는 일이 점차 늘어나지 않았을까 생각해봅니다. 제게 아버지를 존경했느냐고 묻는다면 내심 부끄럽고 창피한 기억이 있지만, 부친의 창작에 일희일비하는 그 마음은 알 것 같습니다.

또 다른 일본 작가 사와키 고타로沢木耕太郎는 부친이 하이쿠俳句(일본의 짧은 정형시 - 옮긴이) 시인이었습니다. 그는 부친이 지은 하이쿠를 모아 책으로 엮었습니다. 사와키 고타로는 그의 저서《무명無名》에서 부친에게 큰소리를 내며 대든 기억이 없다고, 단 한 번도 반항한 일이 없다고 회상했습니다.

나중에 또 설명하겠지만, 제가 아버지에게 큰소리를 내며 대든 것은 아버지로부터 신앙을 강요받았을 때 외에는 없습니다. 그저 제가 사와키 고타로의 글을 보고 놀란 것은 그가 어렸을 때부터 부친을 '지켜주어야 할 사람'이라고 느끼고 있었다는 부분입니다. 저는 아버지를 그런 식으로 생각해본 적이 한 번도 없었습니다.

부모님을 쭉 존경해왔다거나 부모님과 사이가 좋다는 사람이 제 주변에도 많습니다. 그런 사람들에게는 부모님이 쇠약해져 과거를 잊거나 병으로 성격이 확 변하기라도 하면, 이상적인 부모님과 눈앞의 부모님과의 차이가 매우 크게 느껴질 것입니다.

하지만 이상적인 부모님에 대한 기억을 지우지 않고 현실의 부모님을 받아들이지 못한다면 부모님과 좋은 관계를 맺는 것은 불가능합니다. 게다가 부모님은 과거를 잊어버렸습니다. 부모님이 잊어버린 과거에는 좋은 추억만 있는 게 아닙니다. 힘들고 싫은 기억을 쌓아왔는데 부모님이 멋대로(라고 생각하게 됩니다) 과거를 잊어버렸다고 꺼림칙한 마음이 들기도 할 것입니다. 하지만 현실에서는 과거를 잊어버린 부모님만 있을 뿐이니 현실을 받아들이는 수밖에 없습니다.

우리가 부모님을 돌보면서 해야 할 일 중에 하나가 이상적인 부모님에게 미련을 두지 않는 것입니다. 이상적인 부모님을 생각하는 한 현실의 부모님은 점수를 깎아버리는 감점법으로만 판단하게 됩니다. 부모님이 젊은 시절에 '훌륭한' 사람이었다면 이상과 현실의 괴리를 받아들이는 것이 힘들겠지요. 하지만 현실의 부모님을 보며 다른 누구도 아닌 이런 현실의 부모님과 살아가겠다는 결심을 할 수는 있습니다.

나의 문제에 대입해본다면 이해가 쉬울 것입니다. 누군가가 나를 좋게 평가해준다고 해보지요. 하지만 그 평가가 현실의 나와는 동떨어진, 그저 그 사람의 머릿속에서 만들어진 이상적인 이미지일 뿐이라면, 현실적으로 그와 사귀는 일은 어려울 것입니다.

부모님도 무엇이든 할 수 있었던 예전의 당신을 자식이 이상적으로 보고 현실의 당신을 감점하고 있다고 생각한다면 괴로워할지도 모릅니다. 현실의 당신이 받아들여지고, 꾸밀 필요 없이 그저 있는 그대로의 모습을 보여도 된다는 생각이 든다면, 부모님이 얼마나 편안해질까요?

"우리가 부모님을 돌보면서
해야 할 일 중에 하나가 이상적인 부모님에게
미련을 두지 않는 것입니다."

● 지금은 생애의 한 페이지일 뿐
■ 그에게도 역사가 있다

부모님과 어떤 사이이든 '지금, 여기'에 있는 부모님과 새로운 관계를 맺을 수 있다고 앞에서 말했습니다. 이 말과 양립되기는 어렵겠지만, 저는 아버지를 아는 간호사들이 아버지의 '과거'도 알아주었으면 하는 마음도 들었습니다.

일본의 철학자인 쓰루미 슌스케鶴見俊輔는 그의 저서《언제나 새로운 사상가いつも新しい思想家》에서 환자가 병이 나기 전에도, 병이 난 후에도 환자에게 말투를 바꾸지 않았던 의사에 대해 이렇게 말했다고 합니다.

"환자를 병든 사람이라는, 가장 낮은 위치로 보지 않는다는 말이지요. 환자가 되었어도 그가 높은 위치일 때의 자세를 기억에서 지우지 않는 것이 중요합니다."

병이 난 후에 말투가 바뀐다는 것은 저로서는 상상도 할 수 없는 일이었지만, 한 간호사가 아버지에게 "잘하네!" 하고 칭찬하는 소리를 듣고 불쾌했던 적은 있습니다. 아버지가 정정하셨더라면 결코 그렇게 아이 다루듯 말하지는 않았을 테니까요. 아버지는 아무것도 모른다고 생각하니까 그런 식으로 칭찬했을 것입니다.

그러나 제게 아버지는 무능력한 사람이 아닙니다. 아버지의 주치의와 간호사는 아버지의 현재 모습밖에 알지 못하지만, 저와 아버지는 이미 오랫동안 함께 살아온 세월이 있기 때문입니다. 물론 의사나 간호사들이 아버지의 현재 모습밖에 모르는 것은 어쩔 수 없는 일이겠지요. 하지만 저는 늘 그들이 아버지를 전부터 알던 사람이라는 생각으로 대해주면 좋겠다고 생각했습니다.

지금 눈앞에 계신 아버지는 간호사가 찾아와도 거의 눈을 뜨지 않으십니다. 간혹 말씀을 하셔도 뒤죽박죽일 때가 많습니다. 그렇더라도 지금은 아버지 생애의 한 페이지일 뿐 그에 앞선 '역사'가 있습니다. 그 사실을 알아주었으면 좋겠습니다.

한순간을 포착해낸 사진은 대개 사람의 진정한 모습을 담고 있지 못합니다. 동영상이라면 잠시 이상한 표정을 짓는다고 해도 그 사람이 언제나 이상한 표정을 짓고 있는 것이 아님을 알 수 있지요.

그래서 저는 아버지가 젊은 시절에 찍으신 사진이나 퇴직 후에 배우기 시작하신 유화를 보여주었습니다. 젊은 아버지가 찍힌 사진을 본 간호사들이 "두 분 닮으셨네요"라는 소리를 하면 어떻게 반응해야 좋을지 몰라 당황스러웠지만, 아버지를 조금이나마 다른 식으로 봐주었으면 하는 마음에 계속해서 사진을 보여주었습니다.

나중에 요양원에 들어가셨을 때도 아버지가 예전에 유화를 그리셨다는 사실을 알려주었습니다. 그 이야기를 들은 직원 한 사람이 아버지에게 그림을 그려보도록 권했습니다. 그러자 아버지가 그림을 그리셨는데 오히려 집에서 그릴 때보다 윤곽도 색의 사용법도 더 좋아지지 않았나 싶을 정도였습니다. 치매 검사를 할 때 의사 앞에서 그리셨던 유치한 그림이 거짓말처럼 느껴졌습니다. 그 그림을 보고 놀란 직원은 아버지에게 그다음부터 입원한 환자들이 일반적으로 하는 색칠 그림이 아니라 예전처럼 사진을 보고 색연필을 이용해 스케치할 것을 권했습니다.

저는 쓰루미 순스케의 말처럼 병이 든 상태가 '가장 낮은 위치'라고는 생각하지 않습니다. 오히려 병든 사람이 인생의 진리에 더욱 가까이 있다고 생각합니다.

간호사들이 "닮으셨네요"라고 했던 사진을 아버지에게 보여드린 적이 있습니다. 그 사진 속에는 젊은 시절의 어머니도 있으셨습니다. 아버지는 사진을 보며 축음기와 레코드, 화분에는 관심을 보이셨지만, 어머니에 대해서는 역시 아무 말씀도 하지 않으셨습니다. 아버지가 어머니를 기억하지 못하시는 것은 참으로 서글픈 일이긴 했지만, 생각해내도록 강요하는 것도 의미가 없습니다. 그때 아버지는 어머니를 생각해내실 필요가 없었을 테고 그에 관해 제가 이러쿵저러쿵할 수는 없었습니다.

나중에 아버지께 "이건 누구예요?"라고 한마디 물어보면 좋았을 걸 하는 생각은 들었습니다. 그래도 그때 아버지는 사진을 보면서 "옛날 생각이 나는구나"라고 하셨습니다. 그 말을 들으며 저는, 지금 아버지는 젊었을 때 살던 방이 아니라 결혼하기 전 어머니와 연애했던 시절이 한순간이라도 생각나셨던 것은 아닐까 싶었습니다.

"지금 눈앞에 계신 아버지는 간호사가 찾아와도
거의 눈을 뜨지 않으십니다.
간혹 말씀을 하셔도 뒤죽박죽일 때가 많습니다.
그럴더라도 지금은 아버지 생애의 한 페이지일 뿐
그에 앞선 '역사'가 있습니다."

3장

살아계실 때
알았더라면
좋았을 것들

내가 부모님을 행복하게 해줄 수 없음을 인정하는 것

아무리 건강하신 부모님이라도 언젠가는 혼자서 살 수 없는 날이 오게 됩니다.

어느 날, 오랫동안 혼자서 살고 계신 아버지 집을 방문했습니다. 혼자서도 잘 지내고 계실 것이라는 생각은 했지만 아버지께서 신용카드 결제가 안 된다고 하시기도 하고 차 사고를 겪으시기도 해서 불안한 마음에 걱정이 되어 뵈러 갔습니다.

그날 방에서 나오신 아버지는 무언가 골똘히 생각하는 표정이셨습니다. 제 마음 탓인 것인지 그날 유독 아버지가 작게 느껴졌습니다.

'바로 얼마 전까지는 정정하셨는데, 언제 이렇게 약해지셨을까. 좀 더 빨리 왔어야 했는데……'

가까이 있었으면 좀 더 빨리 아버지의 병을 알아차렸을 수도 있습니다. 하지만 과연 함께 살고 있다고 해서 그럴 수 있었을까요? 어찌 되었든 알게 된 시점에서 시작하는 수밖에요. 뒤늦게 자책한들 무슨 소용이 있겠습니까.

아버지를 간병하면서 저는 자식이 부모를 행복하게 해줄 수 없다는 사실을 깨달았습니다. 인생의 어느 시점에서 사람은 누군가를 행복하게 해줄 수도, 누군가에 의해 행복해질 수도 없습니다.

아이를 키울 때 부모는 아이를 행복하게 해주려고 합니다. 하지만 부모는 아이를 행복하게 해줄 수 없습니다. 아이의 행복을 원하는 것이 틀렸다는 말이 아닙니다. 아이는 스스로의 힘으로 살아가야 합니다. 물론 아이가 어릴 때는 아이가 하는 모든 일을 돌봐줄 필요가 있습니다. 그런데 아이는 부모가 알아차리기도 전에 먼저 자립하게 마련입니다.

아이를 위하여 부모가 할 수 있는 일은 그리 많지 않습니다. 아이의 인생을 부모가 대신 살아줄 수는 없는 노릇이니까요. 아이가 도움을 원하면 그 부분에 대해 도움을 줄 수 있을 뿐입니다.

젊은 사람들은 프러포즈를 할 때 "당신을 행복하게 해줄 게"라고 말합니다. 하지만 행복이란 결혼한 두 사람이 함께 생활하며 협력해서 만들어가는 것이지, 어느 한 사람이 행복을 준다거나 어느 한쪽이 만들어진 행복을 일방적으로 받는 것이 아닙니다. 행복하게 해주겠다며 결혼한 사람은 매주 아내와 아이를 위해 외출하며 봉사하는 데도 상대방이 불만을 토로하면 대체 뭐가 문제냐고 물어보기도 어렵지요.

이제는 힘이 빠진 부모님을 보살필 때도 마찬가지입니다. 내가 부모님을 행복하게 해줄 수는 없습니다. 물론 부모님을 위해 할 수 있는 일이 전혀 없다는 뜻은 아닙니다. 부모님을 위해 할 수 있는 일과 할 수 없는 일이 있다는 것을 알아야 한다는 의미이지요.

부모님이 바람 좀 쐬고 싶구나, 해서 시간 날 때마다 여기저기 모시고 다녀도 부모님은 그런 수고 따위는 바로 잊어버립니다. 아니, 잊어버리는 정도가 아니라 아무 데도 데려가주지 않는다고 불평을 합니다. 이런 일에 낙담하며 한숨 쉬는 사람들이 있는데, 제 생각에는 부모님을 어딘가에 '모시고 간다'는 생각을 말아야 합니다.

벚꽃 피는 계절에 벚꽃 구경을 시켜드리려고 부모님을 모시고 외출하는 것이 아니라 내가 벚꽃이 보고 싶어서 즐기는 것이라고 생각해야 합니다. 그 꽃놀이를 부모님을 위해서 간 것이 아니라 부모님도 같이 가서 함께 즐긴 것이라고 생각하면, 혹여 부모님이 나중에 꽃놀이 간 사실을 잊어버렸다 하더라도 그 일로 낙담할 필요가 없어집니다. 꽃놀이를 함께 간 것을 기억하든 잊어버리든 상관없이 그 시간을 부모님과 함께 즐길 수 있으면 되는 것이지요.

부모님이 원할 때마다 외출할 수 있으면 좋겠지만, 항상 부모님이 원하는 대로 맞춰줄 수는 없는 노릇입니다. 그런 경우에는 거절할 수도 있습니다. 물론 쌀쌀맞다며 부모님이 불만을 토로할 수는 있겠지요.

제 아버지는 식사 시간 외에는 주무시는 일이 많아서 이래서야 무슨 즐거움이 있을까 싶었습니다. 아버지는 일어나 앉아 계실 때도 멍하니 밖을 보고 있거나 스웨터의 보풀을 뜯으며 시간을 보내셨습니다. 주무시지만 말고 소일거리라도 찾아 하루하루를 유익하게 보내셨으면 좋겠다는 마음이 들었습니다. 하지만 그것은 그저 자식의 마음일 뿐 부모님에게 강요할 수는 없습니다.

　자식 눈에 아무것도 하지 않고 하루를 보내는 것처럼 보인다고 해서 부모님의 현재가 불행한 것은 아니니까요.

할 수 없는 일일지라도
노력하는 기쁨

      아버지의 간병을 시작할 무렵에는 아버지가 위험한 행동을 하시리라는 걱정은 없었습니다. 그러다가 어느 날, 아버지가 정원에 있는 감나무에 감을 따러 나가셨다가 넘어지신 일이 생긴 후에는 조심하지 않으면 큰 사고가 날지도 모르겠다는 생각에 아버지의 행동 하나하나에 세심히 주의를 기울이게 되었습니다.

  하지만 막상 부모님의 행동거지를 눈으로 좇다 보면, 부모님이 할 수 있을지도 모르는 일까지 막아서는 일이 생깁니다. 상대가 아이라면 오늘은 할 수 없었지만 내일은 할 수 있을지도 모른다는 생각이 듭니다. 한 번도 넘어지지 않고 걷게 되거나 상처 하나 없이 자전거를 탈 수 있게 된 아이는 없을 테니까요. 큰 상처가 아니라면 부모는 아이가 다치더라도 화들짝 놀라는 일 없이 침착할 수 있습니다. 물론 아이가 상처 입는 것이 좋을 리 없지요. 하지만 그럼으로써 아이가 무언가를 배울 것이라고 생각합니다.

하지만 부모님의 경우는 다릅니다. 오늘 할 수 있었던 일을 내일은 못하게 될 수도 있습니다. 그러니 지금 할 수 없는 일을 조금만 기다려주면 할 수 있게 되리라는 믿음이 생기지 않습니다.

부모님이 힘이 없어 재활을 하지 못해 움직일 수 없게 되는 것도 곤란하지만, 잘못 움직여서 넘어져 골절이라도 되면 큰일이기 때문에 크든 작든 위험하다고 여겨지는 행동은 제약할 수밖에 없습니다.

때때로 아버지가 밖에 나가 좀 걷고 오겠다는 말씀을 하시곤 했습니다. 그 무렵 아버지는 조금만 걸어도 바로 숨이 차서 금세 걸을 수 없게 되셨습니다. 그것을 알고 있던 저는 반대를 해서 모처럼의 아버지의 의욕을 꺾어버리곤 했습니다.

아버지는 "그저 집 주변을 한 바퀴 돌고 오려는 것뿐이야"

하시다가, 그래도 제가 말리면 "그럼 같이 가주련?" 하셨습니다. 하는 수 없이 아버지를 따라나서면 아버지는 겨우 몇 분만에 걷는 것을 포기하셨습니다. "이제 됐다"라고 말씀하시는 아버지의 표정이 어찌나 고통스러워 보이던지, 이럴 거면 함께 걷자는 말을 들어주지 않는 편이 더 나을 뻔했다는 생각이 들기도 했습니다.

서로에게 가장 기분 좋고 아버지도 납득하실 수 있는 것은 아버지가 밖에 나가 걷겠다고 말씀하실 때 쓸데없는 토를 달지 말고 그렇게 해주는 것입니다.

아버지의 병을 생각하면 오래 걸을 수 없기에 무리하지 않으시도록 마음 쓰는 일이 쓸데없는 배려는 아닙니다. 하지만 실제로 걸어 보면 당신이 숨이 차는 것을 바로 느끼기 때문에 금방 포기하시고 맙니다. 무리를 하려고 한다거나 위험한 행동을 하려고 한다면 말려야겠지만, 위험을 피하고 싶은 나머지 걷고 싶다는 부모님의 의욕마저 꺾을 필요는 없습니다.

아버지께서 빈혈로 입원하셨을 때, 아버지는 작업치료사와 함께하는 재활 치료에 열심이셨습니다. 중간에 쉬는 시간이 있었는데 조금 쉰 다음 "한 번 더!"라고 말을 꺼내는 쪽은 언제나 아버지였습니다.

'하고 싶은 일'과 '할 수 있는 일'에 차이가 있을 수는 있습니다. 이 차이가 '열등감'이며, 하고 싶어도 할 수 없는 일은 곧 큰 스트레스가 됩니다. 이 차이를 없애기 위해 처음부터 하고 싶은 마음을 접는 사람도 있습니다. 물론 그것도 하나의 방법이겠지만, 그렇게 간단하지만은 않습니다. 사람들은 할 수 있는 것만 하면서 살아가지는 않으니까요.

실제로 할 수 없는 일일지라도 바로 포기하지 않고 할 수 있도록 노력하는 것에서 살아가는 기쁨을 느끼기도 합니다.

어떤 것을 하고 싶은지는 어디까지나 본인이 정하는 것입니다. 위험하다는 이유로 처음부터 그 노력을 단념시킬 수는 없습니다.

제 아버지처럼 실제로는 쉽게 걸을 수 없는 데도 의욕적으로 걷고자 한다면 가족으로서는 당혹스럽기도 합니다. 하지만 어느 정도는 그 욕구를 해소시켜줄 방법이 필요합니다. 물론 너무 위험하거나 상황에 따라 필요하다면 의욕만 넘치는 행동을 막아설 수도 있겠지요.

그런데 의욕이 없으면 점점 근육량이 줄어들어 일상생활 자체가 힘들어집니다. 그렇기 때문에 어렵더라도 몸을 움직이고 싶은 의욕을 갖도록 도움을 주어야 합니다. 그러니 위험에 노출될 것을 우려해서 처음부터 의욕을 꺾는 일이 없도록 주의해야 합니다.

"실제로 할 수 없는 일일지라도
바로 포기하지 않고 할 수 있도록 노력하는 것에서
살아가는 기쁨을 느끼기도 합니다."

● 고맙다는 말을
■ 기대해서는 안 된다

    아버지를 간병하면서 아버지로부터 생각지도
못한 '고맙다'라는 말을 들은 적이 있습니다. 점심을 준비해
내왔을 때 그러시더군요. 같이 점심을 먹고 그릇을 치우려는
데 또다시 "고맙다"라고 하셨습니다. 그런 다음에 "밥은 아직
이냐?"라고 물으셔서 바로 심한 허탈감을 느꼈지만요. 그럴
때는 앞에서 말했던 것처럼 그저 "방금 드셨어요"라고 대꾸
해드리면 됩니다.

  아버지는 그때 예전부터 그랬던 것처럼 자연스럽게 "고맙
다"라고 말씀하셨고, 그 말을 들은 저는 기뻤습니다. 하지만

지금 생각해보니 무언가 다릅니다.

병드시기 전에 아버지는 "고맙다"라는 말에 인색한 분은 아니셨습니다. 그런데 그 무렵의 아버지는 "고맙다"라는 말을 거의 하지 않으셨습니다. 그래서 저는 무의식중에 아버지가 다른 사람 같다고 느꼈겠지요. 그런데 갑자기 평온한 표정으로 "고맙다"라고 하시니 예전의 아버지로 돌아왔다고 느꼈던 것인지도 모릅니다. 아마도 집으로 모셔오기 전에 혼자서 생활하시던 아버지를 만나러 갔을 때의 모습이 제 마음속에 남아 있었던 모양입니다. 그때 마음을 완강히 닫고 대하기 어려운 표정을 짓고 계시던 아버지를 보고 슬퍼졌으니까요.

어쨌든 제가 아버지를 위해 하는 모든 일에 "고맙다"라는 말을 듣지 않게 되었다고 해서 아버지에게 화가 날 이유는 없습니다. 물론 그런 말을 들으면 기쁜 것은 사실입니다. 하지만 그런 말을 듣는 것이 당연해지면 '어라, 오늘은 왜 아무 말씀도 하지 않으시는 거지?'라는 마음이 듭니다.

제가 아버지의 간병을 할 수 있었던 것은 제가 아프고 나서 일을 줄였기 때문입니다. 지금처럼 바빴다면 아무래도 불가능했을 것입니다. 부자의 인연으로 만나 오랜 시간 각자 살면서 거의 만나지 않던 아버지와 아버지 생의 막바지에 긴 시간을 함께 보낼 수 있었던 것은 행운이었습니다.

강연처럼 밖에 나가야 하는 일은 어쩔 수 없었지만, 요양 중이었던 저는 일주일에 이틀 정도 대학에서 강의하는 것 말고는 주로 책의 원고를 쓰며 보냈습니다. 늘 앞에 아버지가 앉아 계셨기에 저는 혼자였을 때보다 더 많은 일을 할 수 있었습니다.

어머니가 뇌경색으로 쓰러지셨을 때도 그랬습니다. 병원에서 보호자가 옆에 있어야 한다고 했을 때 제가 응할 수 있었던 것은 당시 대학원에 막 들어간 터라 비교적 시간이 자유로웠기 때문입니다.

당시에 왜 보호자가 항상 곁에 있어야 했는지는 잘 모르겠습니다. 아마도 예측할 수 없는 상황에 바로 대처하기 위해서는 보호자의 허락이 필요하니 그 편이 병원 입장에서는 편했는지도 모르겠습니다. 여하튼 저는 평일에 18시간을 어머니의 병상에서 보내느라 강의를 들으러 나갈 수 없었습니다. 대학원 입학 동기들에게 크게 뒤처질까 걱정되었던 저는 전공 책을 가져와 어머니 머리맡에서 공부하곤 했습니다.

평소에는 내가 간병할 수 있어서 다행이라는 생각이 들면서도 가끔 마음이 흔들릴 때가 있습니다. 부모님이 간병 받는 것을 당연하게 여기는 것처럼 보인다거나 간병 받고 있다는 사실을 명확히 이해하지 못할 때 그렇지요.

아버지의 간병을 시작했을 즈음, 신문에서 모친을 간병하고 있는 한 남성의 이야기를 읽은 적이 있습니다. 50대 중반의 남성이었는데, 모친을 간병하기 위해 일을 그만두어야 했다더군요.

어느 날, 그 남성의 모친이 아들을 보고 이렇게 말했답니다.

"회사에 안 가도 괜찮니?"

치매를 앓는 부모는 항상 깊은 안갯속에서 살고 있지만 어느 날 문득 안개가 걷힌 것처럼 이전의 부모로 돌아옵니다. 모친의 말을 듣고 '대체 누구 때문에 일을 그만두었는지 모르시는 건가?'라는 생각에 화가 난 남성은 이런 생각을 한 자신이 무서워져 혼자 간병하는 것을 그만두었다고 합니다. 자식들은 부모가 자신이 하는 일을 알아주길 바라지만 대부분의 경우 부모는 그런 자식의 기대를 만족시켜주지 못합니다.

저도 아버지가 버럭 화를 내시면 그 일로 마음이 상해서 다음 날은 아버지와 얼굴을 마주치기도 싫다고 생각한 때가 있었습니다. 그래도 저는 어머니와 아버지를 돌보는 것에서

뿌듯함을 느꼈습니다. 아마도 제가 병으로 쓰러졌을 때 아버지가 정신을 차리려고 하시던 것과 같은 기분이었을 것입니다.

평소에 아버지 집에 도착해 열쇠로 문을 열고 안으로 들어서면 텔레비전 소리가 커다랗게 들려옵니다. 그러면 저는 '아버지가 벌써 일어나셨구나' 하고 안도합니다. 그런데 어느 날은 집에 들어섰는데도 텔레비전 소리가 들리지 않았습니다. 그 순간 가슴이 덜컥 내려앉았습니다. 혹시 돌아가신 것은 아닐까? 이미 의사로부터 아버지의 병세가 더 이상 호전되지 않으리란 말을 들었기 때문에 언제 무슨 일이 일어나도 이상할 것은 없었습니다.

처음 그 말을 들었을 때는 앉으나 서나 아버지의 일이 머리에서 떠나지 않았습니다. 손에 일이 잡히지 않아 어떻게든 마음의 결단을 내려야 했습니다. 그때 저는 '사람은 한 번밖에 죽지 않아!' 하고 스스로에게 되뇌었습니다. 이상한 일이지만, 그런 생각이 제가 현실을 받아들이는 데 도움이 되었습니다.

가끔 침실 문을 열어보면 아버지가 평온하게 코를 골며 주무시고 계셨습니다. 그러면 아버지가 살아계신 것만으로도 고맙다는 생각이 들었습니다. 평소에도 이런 생각을 하고 있으면, 아버지가 감정적으로 고조되어 화를 내셔도 침착하게 받아들일 수 있었습니다. 물론 불같이 화를 내며 제게 퍼붓는 상황이라면 어떻게 될지 그런 경험을 해보지 않고서는 장담할 수 없겠지요. 그래도 '지금' 살아계셔서 참으로 다행이란 생각이 들었습니다.

●
■
우리는 결코 아무것도
하지 않는 게 아니다

일본의 철학자 와시다 기요카즈鷲田淸一는 그의
저서 《끊을 수 없는 생각嚙みきれない想い》에서 "무언가 하지 않
고도 그저 가만히 옆에 있어주는 것이 얼마나 힘이 되는지
우리 사회는 잊고 있다"라고 지적하고 있습니다. 이 부분을
읽고 저 또한 그랬다는 생각이 들었습니다.

사실 하루 종일 아버지와 함께 있으면서도 딱히 뭐라고 생
색낼 만한 일을 한 게 없기 때문입니다. 특히 아버지가 낮에
주무시는 시간이 점점 늘어나면서 '내가 아무것도 하지 않는
구나' 하는 생각이 강해졌습니다. 저야 아버지가 주무시는 동

안 제 일을 할 수 있으니 아버지를 위해 무언가 하느라 시간을 뺏기는 것보다는 훨씬 고맙긴 하지요. 하지만 이것은 그저 함께 있는 것일 뿐 간병한다고 할 수 있을까 싶었습니다.

아버지가 일어나 계실 때도 제가 하는 일은 고작해야 식사 준비를 하거나 휴대용 변기를 치우는 일 정도였습니다. 이렇게 스스로 딱히 하는 일이 없다는 생각이 들 때면, 다른 사람들은 열심히 간병할 텐데 나만 너무 편한 게 아닌가 하는 생각에 마음이 무거워졌습니다.

문득 아들을 보육원에 맡기기 전, 아들과 함께 둘이서 낮 때를 보냈던 5개월의 시간이 떠올랐습니다. 당시 아들이 돌도 되지 않은 갓난아기여서 저는 아들이 잠자고 있는 동안 조사를 하거나 논문을 쓸 수 있으리라고 생각했습니다.

물론 너무 안일한 생각이었다는 것을 바로 알게 됐지요. 아들이 잠들면 저 또한 잠 귀신이 역습해 같이 잠들어버리는 일이 많았습니다. 눈을 뜨는 것은 오히려 아들이 먼저였고 아들이 배가 고파 울음을 터뜨려야 저는 겨우 눈을 뜨곤 했습니다.

비가 오는 날은 어쩔 수 없었지만, 날씨가 좋은 날에는 밖에 나가는 게 좋을 것 같아 유모차에 아이를 태우고 공원을 산책하기도 했습니다. 하지만 전체적으로 보자면 이렇다 할 만한 일 하나 없이 하루가 지나가버리곤 했습니다.

아이가 태어나기 훨씬 전에는 입원하신 어머니를 간병하려고 낮이든 밤이든 계속 옆에 붙어 있었습니다. 때때로 어머니가 제멋대로 투정을 부리시는 통에 화가 나기도 했지만, 나중에 어머니가 의식을 잃으신 후부터는 세탁을 하거나 배설물을 치우는 일 외에는 딱히 할 일도 없었지요. 그래서 책을 읽거나 간호사들이 '교무수첩'이라고 두려워하던 노트에 어머니의 증상이나 간호사들의 이야기 따위를 적으며 지내는 수밖에 없었습니다.

25년이 지난 후, 아버지께서 어머니가 입원하셨던 병원을 방문하신 적이 있습니다. 그때 원장님이 아버지에게 "아드님이 항상 병실에서 그리스어 교재를 펴놓고 읽던 모습이 기억납니다"라는 말씀을 하셨다 해서 놀란 적이 있습니다.

그저 옆에 있어주는 것. 와시다 기요카즈가 말하는 '수동적인 몸짓'이 가진 의미를 모른다면 하루하루 보살피는 일이 힘들어집니다. 우리는 결코 아무것도 하지 않는 게 아닙니다. 아버지가 일어나 계실 때는 할 일이 얼마든지 있습니다. 그렇다고 아버지가 주무시는 동안, 혹은 멍하게 계실 때 아무것도 하지 않는 것은 아닙니다. 그저 계속 곁에 있어주는 것. 그 자체로도 의미가 있으며 도움이 됩니다. 저는 그렇게 믿고 싶습니다.

저 또한 환자로 입원해 있을 때 계속 곁에 있어주는 것에 대한 고마움을 실감했습니다. 집중치료실에서 나왔다는 것은 증세가 급격히 나빠질 위험이 낮아졌다는 의미도 있어서 보호자가 꼭 지키고 있어야 할 필요는 없습니다.

하지만 환자 입장에서는 긴박한 일이 일어나지 않더라도 누군가 가까이 있어주는 것만으로도 안심이 되더군요. 저는 아버지가 멍하니 밖을 바라보고 계신 동안에 같은 테이블에 앉아서 일을 하곤 했습니다. 아버지가 잠드시면 그야말로 아버지를 위해 하는 일은 아무것도 없었지요. 하루는 아버지에게 "하루 종일 이렇게 주무시기만 하시니 제가 안 와도 되겠네요"라고 한숨 쉬듯 말하자 아버지는 뜻밖에도 이렇게 말씀하셨습니다.

"그런 게 아니야. 네가 옆에 있으니까 내가 안심하고 잠드는 거야."

그 말씀이 마음에 확 와닿았습니다. 저 또한 퇴원하고 낮에 혼자 집에 있을 때는 불안했었으니까요. 곁에 있어주는 것만으로는 부족하다는 생각이 드는 것은 생산성으로만 가치를 측정하는 이 사회가 낳은 문제이기도 합니다.

"'그런 게 아니야. 네가 옆에 있으니까
내가 안심하고 잠드는 거야.'
우리는 결코 아무것도 하지 않는 게 아닙니다."

기억은 잊혀도
추억은 남는다

　때로 기억은 따로따로 떠올라서 주변에서 들으면 이상하다고 생각할 수도 있습니다. 하지만 그로 인해 실제로 손해 보는 일이 없다면 굳이 정정하거나 본래의 기억을 떠올리게 할 필요는 없다고 생각합니다.

　모친에게 사진을 보여주며 부친이 돌아가셨다는 사실을 납득시키려는 사람의 이야기를 들은 적이 있습니다. 저도 아버지가 어머니를 기억하지 못하신다는 사실을 알고 괴로웠습니다. 아버지가 어머니를 잊었다고 하셨을 때, 부모님과 함께 보낸 저의 인생까지도 사라져버린 것처럼 느껴졌기 때문입니다.

아버지가 돌아오신 이 집에서 저와 여동생이 태어나고 자랐던 일, 어머니가 돌아가시고 제가 결혼해서 우리 부부와 아버지가 셋이서 함께 살던 일을 이야기해드려도 아버지는 기억이 나지 않는다 하셨습니다. 아버지의 사라진 기억에 괴로워하는 사람은 오히려 저일 뿐, 아버지에게는 아무런 문제도 아닙니다. 어머니를 포함해 설혹 제가 중요하다고 여기는 것을 잊어버리셨다고 해도 아버지는 '지금' 그것을 생각해내실 필요가 없기 때문에 기억나지 않는 것입니다.

쓰루미 슌스케는 《언제나 새로운 사상가》에 실린 〈노망 수첩〉에서 '노망은 여과기'라고 표현했습니다.

"노망을 통해 마음에 머무는 것을 믿는다. 노망은 여과기."

이유가 있어서 어떤 일은 잊고 어떤 일은 마음에 남기는 것입니다. 그 일을 주변 사람들도 믿어줘야 합니다. 잊고 있던 일이 어느 순간 떠올라 그 일로 부모님이 괴로워할 수도 있습니다. 그렇다고 부모님이 잊고 있던 과거를 떠올리지 못하도록 막을 수는 없지요. 다만 주변에서 사진을 보여주는 등 무리하게 생각을 끄집어내도록 강요하는 것은 혼란스러움을 가중시킬 뿐입니다. 물론 그렇게 해서 기억을 떠올렸다고 해도 그 기억이 지금 부모님에게 필요하지 않으면 바로 잊어버리기 때문에 그다지 걱정할 일은 없습니다. 그렇더라도 무리하게 기억을 끄집어내려고 했을 때의 감정은 남습니다.

부모님은 기억했으면 싶은 것을 눈 깜짝할 사이에 잊어버립니다. 똑같은 이야기를 몇 번이고 반복하기도 합니다. 반복해서 하는 이야기는 부모님에게는 중요한 일이니 잘 들어줘야 합니다. 사실 같은 이야기를 듣는 것은 참을성이 필요한 일이지요. 요령이 필요합니다.

정신과 의사인 제 친구가 들려준 이야기입니다. 그의 할머니는 이야기를 시작하면 잠시 후 "이 이야기, 전에도 했던가?" 하고 물으신답니다. 그러면 제 친구는 "전에도 들었어요. 하지만 할머니 이야기는 몇 번을 들어도 재미있는 걸요"라고 대답한다더군요. 이야기 듣는 게 좋아서 정신과 의사가 되었나 봅니다.

중요한 사실은 확실히 주의해서 들으면 매번 완전히 같은 이야기가 아니라는 점을 알게 된다는 것입니다. 이야기할 때마다 중점을 두는 곳이 다르거나 생략되거나 추가되거나 하는 등 무언가 변화가 있을 것입니다. 설사 매번 똑같은 이야기를 하고 있다고 해도, 한 문장도 틀리지 않고 꼭 그대로 말하는지 주의를 기울인다면 흥미진진하게 들을 수 있습니다.

"또 시작이야?"라고 지레 질려버리면 부모님의 이야기를 즐길 수 없게 됩니다.

제 아버지가 자주 입에 올리시던 화제 중 하나가 '예전 집'이었습니다. '예전 집'이란 아버지가 결혼하기 전에 살고 계시던 집을 말합니다. 물론 제가 태어나기도 전입니다. 아버지는 그 집과 이웃의 모습을 제게 세세히 알려주셨습니다. 그 집에서 아버지와 어머니가 함께 화분에 꽃을 심는 장면을 찍은 사진이 있습니다. 두 분이 즐거운 듯 웃고 계신 모습을 보고 있으면 마냥 행복해집니다.

그 후 아버지는 작은아버지네, 제게는 작은할아버지 집에 양자로 들어갔습니다. 그 집안의 대를 이을 아들이 병이 들어 죽었기 때문입니다. 원래는 고모가 양녀로 들어가셨는데, 아버지로 바뀐 것입니다.

"어머님이 꽤 날카로운 분이라서 내 여동생과는 맞지 않으셨어. 그래서 내가 양자로 들어갔다. 남자이기도 하고. 게다가 낮에는 일하느라 집에 없어서 괜찮았지."

이렇게 말씀하시는 아버지의 기억 속에는 결혼 후 시집살이를 하셨을 어머니는 없었습니다. 이야기의 초점은 아버지가 양자로 들어간 집에서 양부모님과 사이가 나빴다는 사실이 아니라 아버지가 양자가 되겠다는 결심을 함으로써 고모를 구하고 부모님과의 관계를 개선할 수 있었다는 부분에 있었으니까요.

그런 점에서 이 이야기는 아버지에게는 좋았던 시절의 회상인 셈입니다. 가능하다면 그 시절로 돌아가고 싶다고 생각하시는 것처럼 여겨졌습니다. 아버지가 그 시절의 일을 긍정적으로 기억하고 계시다는 것은 그때가 괴롭지 않았다는 방증입니다. 만약 그때가 괴로웠다면 괴로웠던 기억을 떠올리셨을 테니까요.

그래서 저는 아버지가 '예전 집'을 떠올리며 아버지 나름의 온화한 나날을 보내고 계신 것을 기쁘게 생각합니다. 어머니를 기억하지 못하신다 해도 그 '예전 집'에 관한 기억에는 어머니와의 즐거운 추억도 포함되어 있을 테니까요.

"아버지의 사라진 기억에
괴로워하는 사람은 오히려 저일 뿐,
아버지에게는 아무런 문제도 아닙니다."

● 화를 내고 원망해봤자
■ 바뀌는 것은 없다

    부모님을 보살피다 보면 화가 날 때가 있습니다. 그리고 화를 내는 데는 나름의 목적이 있습니다. 보통은 부모님의 행동에 화가 났다고 하지만, 사실 부모님의 행동 때문에 조바심이 나거나 화가 나는 것은 아닙니다.

  감정적으로 부모님에게 하지 말라며 큰소리를 내는 것은 부모님의 행동을 막기 위함입니다. 아이를 키울 때 아이에게 무언가 시키거나 아이의 행동을 제지하기 위해서 감정적으로 큰소리를 내는 것과 마찬가지입니다. 안타깝게도 대부분의 경우 이런 방법은 아이의 반발심만 키우게 됩니다. 꾸중을 듣는 바로 그 순간에는 말을 들을지도 모릅니다. 하지만 그것은 스스로 납득하고 행동하는 것이 아니라 강요받아 마지못해 따르고 있을 뿐이지요.

화라는 감정으로 받아치는 것이 즉각 효과가 있는 것처럼 보이지만, 아이는 반항할 기회를 끊임없이 엿봅니다. 실제로 같은 일이 매번 반복되어 부모는 아이를 계속 혼내야 하지요. 혼내는 것이 즉각적인 반응은 불러올지언정 효과적이지는 않다는 뜻입니다.

부모님과의 관계에서도 비슷한 일이 일어납니다. 부모님도 그 순간에는 물러서는 것처럼 보이지만 반항할 기회를 엿보고 있습니다. 나이 든 부모님에게 감정적으로 행동한다는 것은 권력 싸움을 시작한다는 뜻입니다.

자식 된 입장에서 부모님에게 화를 내는 게 마음이 편하겠습니까? 그저 그렇게 함으로써 부모님의 행동을 변화시킬 수 있다고 생각하는 것이지요. 자신이 어릴 때와는 다르게, 지금은 자신이 부모님보다 우위에 서려고 하는 것입니다. 권력 싸움을 하는 것이지요. 그 때문에 별것 아닌 일에도 싸우게 됩니다. 이유야 어떻든 상관없습니다.

하루하루 부모님에게 끌려다니다 보면, 돌보는 가족은 그만 지쳐버리고 맙니다. 저도 제 아이들에게는 큰소리로 혼을 내본 적이 없지만, 아버지에게는 참을 수가 없어서 큰소리를 낸 적이 있습니다. 그때 아마도 제 심박수와 혈압은 한없이 올라갔겠지요. 집에 돌아와도 기분이 나빠서 다음 날은 아내 한테 대신 아버지에게 가봐달라고 부탁한 적도 있습니다.

제가 이렇게 감정적으로 군 것은 아버지의 행동이 도화선이 되기는 했지만 목적이 있었기 때문입니다. 먼저 아버지를 제 생각대로 지배하고자 한 것입니다. 하지만 아버지는 제가 큰소리를 내는 정도로는 고집을 꺾지 않으셨기에 매번 같은 일이 반복되었지요. 그리고 아무리 화를 내고 원망을 해봐도 몇 분이 지나면 아버지는 그 일 자체를 잊어버리셨습니다.

그다음으로는 아버지에게 가지 않을 핑계가 필요했기 때문입니다. 사실 아버지를 보고 싶지 않다고 느낀 적은 별로 없었습니다. 오기로 그랬던 것은 아니지만, 더운 날이든 추운 날이든 저는 하루도 빠지지 않고 아버지를 찾아뵈었습니다. 아버지의 끼니를 챙겨드려야 했던 탓도 있습니다. 실제로 제가 가지 않으면 아버지는 식사를 거르셔야 했기에 아무리 피곤해도 가야만 했습니다. 하지만 그게 전부는 아니었습니다. 진심으로, 무슨 일이 있어도 아버지에게 가야 한다고 생각했습니다.

　그렇게 늘 긴장하고 있었던 탓일까요, 저는 아버지를 간병하는 동안에는 감기 한 번 걸린 적이 없습니다. 그렇기에 아버지 집에 가지 않으려면 저는 누구나 인정하는 어쩔 수 없는 이유가 필요했습니다. 그게 '화'라는 감정이었지요. 저는 아버지의 행동에 화가 난 게 아니라 '이렇게 아버지에게 화를 내고 원망할 바에야 가지 않는 게 낫다'라고 스스로를 납득시키고자 했던 것입니다.

　물론 아버지에게 이런 제 핑계는 달가운 일이 아닐 것입니다. 아버지를 끌어들이지 않고도 그저 아내에게 "오늘은 내가 피곤해서 그러니 당신이 대신 가주면 안 될까?" 하면 되니까요. 물론 그렇다고 해서 진짜 아내가 대신 가주었을지는 모르는 일이지만, 그래도 감정을 소모할 필요는 없었겠지요. 제 아무리 화가 나서 심박수와 혈압이 올랐다고 해도 누구도 대신해줄 수 없으면, 그 어떤 일이 생겨도 제가 할 수밖에 없으니까요.

● 진지한 것과
■ 심각한 것은 다르다

　　　　　방금 식사를 했는데 금세 그 사실을 잊어버리고 밥을 달라고 하면, 비록 화가 나지는 않더라도 밥을 먹었다는 사실을 알려주고 싶은 것이 또 사람 마음입니다. 무언가를 먹었다는 것을 잊었다고는 해도 배는 부를 텐데 왜 그러는 것인지 간호사에게 물어보았더니, 배가 부르면 음식물에 대한 욕구를 없애주는 중추기관의 작용이 그만큼 떨어졌기 때문일 것이라고 하더군요.

　젊었을 때 저는 독서모임 때문에 매주 오사카에 간 적이 있습니다. 우리가 모이는 선생님 댁에는 선생님의 모친도 함께 살고 계셨는데, 우리가 책을 읽고 있으면 가끔 마루로 나오시곤 했습니다.

"아가, 우리 밥 먹었냐?"

뜬금없이 밥 타령을 하는 시어머니에게 선생님의 부인은 온화한 어조로 "네, 드셨어요" 하고 답하시곤 했습니다. 당시 부모님을 간병하는 일에 대해서는 생각을 해본 적이 없었던 저는 그 모습이 참 신기했습니다. 나중에 아버지의 간병을 시작하고 나서 그런 온화한 대처가 결코 쉬운 일이 아니었음을 처음 알게 되었습니다.

25년 후, 저는 제가 태어나고 자란, 결혼 후에는 얼마 동안 아버지와 함께 살던 집에서 몇 년째 독서모임을 열고 있었습니다. 하지만 아버지가 집으로 돌아오시자 이 모임을 계속 진행할 수 있을까 걱정되었습니다. 다행히 참여자들의 이해와 협력이 있어 해왔던 대로 독서모임을 계속하기로 했습니다.

아버지는 보통 우리가 독서모임을 하는 옆방에서 주무시고 계셨지만, 독서모임이 있는 날은 사람의 기척을 느끼고 이따금 모습을 보러 나오셨습니다. 그때마다 많은 사람이 와 있는 것을 보고 놀라서 인사를 하시고는, 다시 방으로 돌아가 한숨 주무시고 나와서는 또다시 놀라고 "안녕하십니까?"라고 인사하셨습니다.

이런 일이 반복되어도 독서모임 참가자 누구도 놀라지 않았고 오히려 따뜻하게 받아주었습니다. 저는 그 사실이 기뻤습니다. 아이가 울고 있을 때 혼자 있으면 어쩔 줄 몰라 하지만, 누군가와 함께 있으면 그것을 받아줄 여유가 생기는 것과 비슷했습니다.

평소에는 아버지와 둘이서만 있는 터라 긴장한 상태였지만, 여러 사람과 함께 있으니 무슨 일이 일어나도 평상심을 유지할 수 있었습니다. 아버지와 둘이 있을 때도 차분하게, 큰 문제가 아니라면 굳이 작은 일에 시시콜콜 동요하지 않고 아버지를 대하고 싶었습니다. 밥 먹었다는 사실을 잊어버렸다고 해서, 몇 번이고 "안녕하십니까?" 인사를 한다고 해서 누군가에게 피해를 입히는 것은 아니니까요.

진지한 것과 심각한 것은 다릅니다. 부모님을 간병할 때는 진정성을 가지고 열심히 해야 합니다. 도움을 필요로 하는 부모님을 보살필 때는 부모님이 다치지 않도록 온 신경을 집중해 배려할 필요가 있습니다. 그런 의미에서 간병은 진지하게 해야 하지요.

그렇다고 심각해질 필요는 없습니다. 간병이 힘들다고 미간에 주름을 잡고 한숨을 쉴 필요는 없습니다. 그런 심각한 표정을 짓는 데는 이유가 있지요.

하나는 간병하는 일이 얼마나 큰일인지 부모님이 알아주었으면 하고 바라기 때문입니다. 하지만 제 아버지처럼 치매인 경우라면, 부모님은 알아주지 않습니다. 아니, 알아줄 수 없습니다. 그러니 있는 그대로를 받아들일 수 없다면, 아무리 부모님과 부딪치고 고민해봤자 부모님과의 관계에서는 아무런 의미가 없다는 것을 알아야 합니다.

또 하나는 다른 형제들이 간병의 고단함을 알아주길 바라기 때문입니다. 형제들과 나누어서 해야 할 일을 혼자서 도맡아 하고 있다면 더욱 그렇지요.

간병이 큰일이긴 하지만 다른 사람들이 알아주길 바라는 마음에 힘든 내색을 할 필요는 없습니다. 그 힘든 기색을 눈치채고 혼자서는 힘들겠구나 싶어 교대해준다면, 그런 기색을 내비친 게 효과가 있었다고 여길지도 모르겠습니다. 하지만 이쪽에서 아무리 힘든 내색을 해도 그 의도가 통하지 않거나 혹시 통했다고 해도 말로만 때우고 그냥 넘어간다면 더욱 화가 날지도 모릅니다. 차라리 힘드니까 도와달라고 말로 부탁하는 게 낫지, 알아달라고 할 필요는 없다는 말입니다.

물론 말로 부탁한다고 해서 다 받아들여지는 것은 아니겠지만요.

간병이 힘든 일이라는 것을 다른 이에게 과시하기 시작하면 간병하는 사람은 결국 진지해지기보다는 심각해질 수밖에 없습니다.

"간병이 큰일이긴 하지만
다른 사람들이 알아주길 바라는 마음에
힘든 내색을 할 필요는 없습니다."

● 권력 싸움에서
■ 물러난다는 것

아버지는 생의 막바지에 어떤 종교의 독실한 신자가 되셨습니다. 아버지가 독실한 신자가 되신 것 자체에는 아무런 문제도 없었습니다. 다만 "내가 신자가 되었다는 것은 장남인 너도 신자가 되었다는 말과 같다"라고 하시기에 평소에는 감정적 대꾸를 하지 않던 저도 그만 화가 나 소리를 빽 지르고 말았습니다.

"제 인생은 제가 알아서 할 테니 좀 내버려두세요!"

제 입에서 그런 말이 튀어나오자 저는 아버지께 감정적으로 반응한 저 자신이 부끄러워졌습니다.

"지금 그 말투는 뭐냐? 정말 버르장머리가 없구나."

아버지가 이렇게 말씀하셨을 때, 저는 생각할 것도 없이 바로 아버지께 용서를 빌었습니다.

"그러려고 한 것은 아닌데……. 죄송해요."

제가 사과를 드리니 아버지는 계속해서 당신이 어머니와 결혼했을 무렵 함께 신흥종교를 찾아 돌아다녔다는 이야기를 들려주셨습니다. 처음 듣는 이야기였습니다. 아버지는 작은할아버지네 양자가 된 이후 어머니와 결혼하셨는데, 작은할아버지네와 사이가 썩 좋지는 않아서 힘든 나날을 보내셨다고 합니다. 그렇더라도 어머니가 종교에 의존하려고 하셨다니 의외였습니다. 저는 제 어머니가 아주 이성적인 사람이라서 분명 종교와는 연이 없는 분이라고 생각했기 때문입니다.

아무튼 아버지는 그날 제 감정적 반응에도 포기하지 않으시고 그 후에도 계속해서 제게 자신의 종교를 권유하셨습니다. 남이라면 딱 잘라 거절했을 텐데 그러지도 못하고 아버지의 집요한 권유를 매일 듣는 일은 매우 괴로웠습니다. 참다못해 하루는 친구에게 상담을 하였더니 의외로 친구가 그러더군요.

"아버님 말씀을 들어주지그래?"

처음에는 그렇게 간단한 이야기가 아니라고 생각했습니다. 하지만 친구의 말을 듣고 가만 생각해봤습니다. 친구의 말은 이만 아버지와의 권력 싸움에서 물러나라는 뜻이었던 것입니다.

설사 감정적으로 반응하지 않더라도 자신이 옳고 상대가 틀렸다고 생각하면 권력 싸움이 됩니다. 권력 싸움을 해결하는 방법은 한 가지뿐입니다. 한쪽이 물러나는 것이지요.

저는 마음을 정하고 하루는 아버지에게 이렇게 말씀드렸습니다.

"다음번에는 아버지가 늘 가시는 집회에 저도 함께 가도 될까요?"

물론 아버지는 크게 기뻐하셨습니다.

저는 그 종교에 입문할 마음이 전혀 없었습니다. 하지만 찬성하거나 반대하기 이전에 아버지가 믿는 종교가 어떤 것인지 알아두는 게 좋을 것 같았습니다. 이해하는 것과 동의하는 것은 다릅니다. 이해해도 반대할 수는 있습니다. 그러나 모르면서 반대할 수는 없습니다. 저는 그런 마음으로 집회에 함께 가도 되겠냐고 여쭈었습니다.

결과적으로는 제가 아버지의 기대를 저버렸기 때문에 처

음부터 아버지의 권유를 거절하는 편이 좋았을지도 모릅니다. 그런데 거절해서 상대방과의 관계가 나빠질 것 같으면 거절하지 않는 편이 좋을 때도 있습니다.

물론 저의 경우 처음부터 아버지에게 설득당해 그 종교의 신자가 되는 일은 없으리라고 생각했습니다. 다만 아버지가 가족 누구에게도 이해받지 못한 채 고립되신 듯 보였기에 함께 가서 이야기를 나누고 싶었습니다. 그 사실만으로 저는 아버지에게 조금 다가설 수 있었다고 생각합니다.

하루는 아버지와 외출을 했는데 어쩌다 화제가 옮겨갔는지는 잘 기억나지 않지만, 제 강연회를 홍보하는 포스터를 보고 아버지가 이렇게 말씀하셨습니다.

"너는 사람을 돕는 일을 하고 있구나. 열심히 해라."

사람을 돕는다는 표현이 제가 하는 일과는 조금 거리가 있다고 느껴졌지만, 그 무렵의 아버지는 종교인으로서 다른 사람의 행복에 관심을 가지고 계셨던 터라 그렇게 받아들이셨나 봅니다.

나중에 아버지를 간병하고 있던 때의 일입니다. 저는 매일 아침 일찍 아버지 집으로 갔습니다. 아버지는 주무시는 시간이 많았기 때문에 저는 아침부터 저녁까지 원고를 썼습니다.

아버지는 매일 아침을 드시고는 주무시고 점심이 되기 전에 일어나 방에서 나오셨습니다.

하루는 점심을 먹기에는 조금 이른 시간에 일어나신 아버지가 "밥은 아직이냐?" 하고 물으셨습니다. "지금은 11시 45분이니까 아직 15분 더 기다리셔야 해요"라고 제가 대답하자 아버지는 무섭게 화를 내셨습니다.

언제나처럼 원고를 쓰고 있던 저는, 그때 마침 생각이 정리되어 정신없이 써내려가고 있던 와중이라 아버지에게 조금만 더 기다려주십사 했던 것입니다. 하지만 아버지는 제 말을 이해하려 하시지도 않고 "너란 놈은 대체 왜 그리 융통성이 없는 게냐!" 하고 소리치셨습니다. 저도 일을 해야 하고 평소에는 아버지가 점심때까지 주무시는 일이 많았으니 조금 기다려주셔도 되지 않을까 싶은 마음이 들었습니다.

하지만 저는 군소리 없이 아버지 말씀대로 점심을 준비했습니다. 그러는 편이 더 낫다는 사실을 알고 있었으니까요. 괜한 것으로 쓸데없이 에너지 낭비를 할 필요는 없습니다. 만약 내 생각을 관철해 아버지가 기다려주셨다고 한들 두고두고 마음에 꺼림칙한 감정이 응어리진 채 남아 있었을 것입니다. 그렇다면 무슨 의미가 있을까요?

순간적으로 화가 끓어오르더라도 부모님과 사이좋게 지내고 싶다면 가능한 한 권력 싸움에서 물러나야 합니다.

사이가 좋아지지는 않더라도 최소한 쓸데없이 에너지를 낭비하는 일은 없어야 하지 않겠습니까.

● ■ 좋은 의도를 발견하면 관계도 변한다

　　어머니가 돌아가시고 난 후 저는 아버지와 둘이서 생활하게 되었습니다. 아버지와는 같은 공간에 있는 것만으로도 공기가 팽팽해졌습니다. 어머니가 안 계시니 어느 정도 어색하리라고 예상은 했지만, 그보다 더한 무언가가 있었습니다.

　당시 저는 스물다섯 살이었고, 창피하지만 요리를 전혀 하지 못했습니다. 그건 아버지도 마찬가지셨지요. 외식을 할 수밖에 없었습니다. 얼마 지나지 않아 근처의 음식점들을 전부 섭렵해버렸고 결국 밖에서 먹는 음식에 질리고 말았습니다.

하루는 갑자기 아버지가 이렇게 말씀하셨습니다.

"누군가 만들어주지 않으려나."

당연히 그 '누군가'에 아버지가 포함될 리는 만무했습니다. 제가 해야 했지요. 저는 태어나서 처음으로 요리를 하게 되었습니다. 요리하는 것으로 가족(이라고 해도 이때는 아버지뿐이었지만)에게 도움이 될 수 있으리라 생각했습니다. 뭐든 처음 해보는 것이라 알 수 없는 것투성이였지만, 생각보다 요리하는 일이 즐거워 매일 열심히 무언가를 만들었습니다.

그러다 요리책을 샀는데 어떤 책이 좋을지 물어보지도 않고 산 것이 화근이었습니다. 제가 산 요리책에 실려 있는 대로 요리를 만들려면 일단 식재료를 구하는 것부터 문제였습니다. 게다가 지금 당장 배가 고픈데, 책에 나온 레시피를 보면 지금부터 두 시간 동안 끓이라는 등 시간이 걸리는 것투성이였습니다. 그야말로 실용적이지 못한 책이었지요.

그래도 책을 참고해서 하루는 카레라이스를 만들어보고자 했습니다. 레시피에 밀가루를 버터로 볶아 루roux라는 것을 만든다고 써 있더군요. 지금이라면 결코 그러지 않겠지만, 당시까지 요리 경험이 전혀 없었던 저는 원래 이런가 보다 하고 만들기 시작했습니다. 약한 불에서 타지 않도록 볶아야 했기에 완성되기까지 꼬박 세 시간을 프라이팬 앞에 서 있어야 했지요.

그런데 아버지는 제가 만든 카레를 한 입 드시고는 "이제 만들지 마라" 하시는 게 아닙니까! 저는 그때 '이런 맛없는 요리는 더 이상 하지 마라'는 의미로 받아들였습니다.

'내가 얼마나 시간을 들였는데……'

저는 아버지의 말씀이 정말 서운했습니다.

'내가 얼마나 고생을 했는데, 그런 사정도 모르시고 그렇게 말씀하시다니! 내가 다시 아버지를 위해 요리하나 봐라!'

이런 마음까지 들었습니다.

그런데 아버지의 그 말씀이 제가 이해한 것과 다른 의미였다는 것을 저는 10년도 더 지나서야 알게 되었습니다. 제가 만든 카레가 맛이 없어서 만들지 말라고 하셨던 게 아니었던 것입니다.

친구 덕분에 저는 이 사실을 알게 되었습니다. 어쩌다 요리 이야기가 나와서 이 이야기를 들려주었더니 친구가 그게 언제 적 일이냐고 묻더군요.

어머니는 제가 대학원에 들어가던 해에 병으로 쓰러지셨고, 어머니가 돌아가셨을 때는 이미 그해의 대학원 강의는 끝나 있었습니다. 카레를 만들었던 것은 그다음 해의 일이었습니다. 이 이야기를 듣고 난 친구는 맛이 없어서 그런 말씀을 하신 것은 아닐 거라고 말했습니다.

친구의 말을 듣고 나서 그때의 일을 다시 떠올려보았습니다. 다시 생각해보니 아버지는 맛이 없어서 음식을 만들지 말라고 하셨던 게 아니라, '너는 학생이라 공부해야 하니까 이렇게 시간이 걸리는 요리는 이제 만들지 마라'는 의미로 말씀하셨던 것 같습니다.

아버지는 제 삶의 방식에 늘 비판적이셨습니다. 대학원을 마치고도 내내 취직할 기미가 없어 보이는 제게 "대체 무슨 생각이냐?" 하고 설교를 하셨습니다. 저는 그때 아버지의 그런 설교가 듣기 싫어 아버지를 계속 피하고 있었습니다. 하지만 "이제 만들지 마라"라는 아버지의 말씀을 다른 의미로 해석하게 된 이후부터는 아버지를 대하는 제 태도가 달라졌습니다. 저는 그 변화를 확연히 느낄 수 있었습니다. 제 마음가짐이 달라지자 그에 따라 아버지와의 관계도 변화했지요.

물론 그 일 하나만으로 아버지와의 관계가 달라진 것은 아니지만 그 일이 계기를 만들어준 것은 사실입니다. 아버지의 말씀을 다르게 이해할 수 있게 되자 아버지와의 관계가 조금씩 개선되기 시작한 것입니다.

누군가와의 관계를 개선하고 싶다면, 상대의 표면적인 말과 행동만 받아들이지 말고 좋은 의도를 발견하도록 노력해야 합니다. 또한 자신도 오해를 불러일으킬 만한 말과 행동은 하지 않도록 조심할 필요가 있습니다. 아무리 말을 골라 해도 오해하는 사람이 있긴 하지만, 어쨌든 오해의 여지가 생기지 않도록 노력하는 것이 중요합니다.

제 이야기를 들은 여동생이 아버지에게 그때의 일을 기억하시는지 물어본 적이 있습니다. 제가 오랫동안 상처로 기억하고 있던 것과는 달리, 아버지는 전혀 기억하지 못하셨습니다. 싫은 일을 당하거나 상처받았다고 생각한 사람은 당시의 일을 언제까지고 기억하는데 상처를 준 쪽은 오히려 기억을 못하는 법인가 봅니다.

실상 아버지가 "이제 만들지 마라"와 같은 말씀을 하신 적이 없을 수도 있습니다. 어쩌면 저는 아버지와의 관계를 개선하고 싶지 않아서 그런 식으로 기억을 짜맞추었을지도 모릅니다. 아버지와 거리를 두기 위해서 남겨두었던 이 기억이 꼭 진실일 필요는 없으니까요.

"아버지의 그 말씀이
제가 이해한 것과 다른 의미였다는 것을
저는 10년도 더 지나서야 알게 되었습니다."

아버지를 카운슬링하며 알게 된 진심

"네가 하고 있는 카운슬링이라는 걸 나도 한번 받아보고 싶다."

제가 아버지에게 카운슬링을 한다니요. 말도 안 된다고 생각했습니다. 가족끼리는 이해관계가 얽혀 있어서 카운슬링하기가 쉽지 않습니다. 실제로 언제 한번 아내가 아이의 일로 제게 조언을 구한 적이 있습니다. 처음에는 다른 사람들과 카운슬링할 때처럼 아내도 냉정하게 이야기하고, 저도 냉정하게 이야기를 들을 수 있었습니다. 하지만 이야기하는 도중에 갑자기 아내가 이렇게 말했습니다.

"하지만 당신도 그 아이의 아빠잖아요."

이 말을 듣는 순간, 저는 아이의 아버지이자 아내의 남편이 되어버리고 맙니다. 그 전까지는 카운슬러로 이야기를 나누고 있었다 해도 말이지요. 이렇게 되면 아무리 적절한 조언도 자신에게 유리하게 말하는 것처럼 들립니다.

그런 일도 겪은 터라 아버지가 카운슬링을 받고 싶다고 말씀을 꺼내셨을 때 저는 솔직히 곤란했습니다. 하지만 한편으로는 아버지와의 관계가 달라졌음을 알게 되었습니다. 사실 이전까지 아버지와의 관계는 좀 험악해져서 같은 공간에 있는 것만으로도 긴장감이 넘쳤으니까요.

생각이 달라도 대화를 통해 서로 이해할 수 있으면 좋았을 텐데, '아버지에게는 이야기해봤자 소용없어', '대화가 안 통해'라며 저는 아버지와 대화 나누는 것 자체를 포기하곤 했습니다. 그래서 아버지와 부딪힐 일이 생기면 항상 저는 그저 폭풍이 빨리 지나가기만을 기다렸습니다.

아버지에게 어떤 심경의 변화가 있었는지 저는 모릅니다. 하지만 카운슬링을 받고 싶다는 아버지의 제안을 거절할 이유는 없었습니다. 당시에 아버지는 혼자 살고 계셨기에 아버지의 집과 우리 집의 중간 지점쯤 되는 교토 역에서 한 달에

한 번씩 만나 밥을 먹고 그 후에 차를 마시면서 두 시간 정도 이야기를 나누었습니다.

여러 이야기 중 가장 기억에 남는 것은 아버지가 왜 여동생 집 가까이에 살려고 하셨는지에 대한 내용이었습니다. 아버지는 정년퇴직 후 요코하마에 있는 계열사에서 근무하느라 혼자 요코하마에서 생활하셨습니다. 그 기간에 제가 아버지 집에 간 적은 딱 한 번뿐이었습니다.

제가 결혼한 때는 대학원에 들어가고 2년째 되던 해였습니다. 그해 1월에 어머니가 돌아가셨고, 저는 같은 해 6월에 결혼하였지요. 결혼하고 4개월 정도를 아버지와 함께 살았는데, 10월이 되자 아버지가 갑자기 요코하마로 가겠다고 하셨습니다. 처음에는 그 말을 듣고 놀랐지만, 우리 부부의 생활 패턴이 아버지와 너무도 달라서 함께 못 살겠다고 생각하셨구나 싶었습니다. 그렇게 떨어져 산 지 10년이 되었을 때, 아버지는 요코하마의 회사에서도 퇴직을 하셨습니다.

요코하마의 집을 떠나 돌아오시게 되었을 때, 저는 당연히 아버지가 우리 집으로 오실 줄 알았습니다. 그런데 뜬금없이 여동생 집에서 가까운 곳에 집을 얻어 혼자 살고 싶다고 하시는 것입니다. 함께 살면 너무 의지하게 될 테니 저녁은 같이 먹어도 기본적으로는 혼자서 살겠다고 하시더군요.

그때는 정말 제가 싫으신가보다 싶었습니다. 그래도 10년이나 떨어져 살다 보니 아버지와 함께 살던 시절에 느꼈던 긴장감도 많이 옅어져 서먹하지는 않았습니다. 다만 아버지가 여동생 집 가까이에 살겠다고 마음먹으신 데에는 무언가 이유가 있지 않을까 하는 의문은 들었습니다.

그 이유를 아버지의 카운슬링을 해주며 알게 되었습니다. 당시 여동생은 병으로 몸이 많이 약해져 있던 상태였습니다. 그 때문에 아버지는 당신이 가까이 살면서 힘이 되어주고 싶으셨던 것입니다.

"내가 가까이 있어주어야 한다고 생각했다."

아버지는 이렇게 말씀하셨습니다.

사실 제가 여동생에게 들은 바로는, 아버지가 매일 저녁은 드시러 오시는데 손주들과도 별로 이야기도 하지 않으시고 저녁을 다 드시고 나면 바로 집으로 돌아가신다는 겁니다. 그랬던 터라 저는 내심 두 사람의 관계를 걱정하고 있었습니다. 그런데 아버지는 그저 표현하지 못하셨던 것뿐이었습니다. 만약 아버지가 제게 말씀해주신 것처럼 여동생에게도 같은 말씀을 해주셨더라면 관계는 분명 달라졌을 것입니다.

그때 저는 부모란 좀처럼 본심을 솔직하게 털어놓지 못하는 존재라는 것을 알게 되었습니다.

"그 이유를 아버지의 카운슬링을 해주며 알게 되었습니다.
아버지는 당신이 가까이 살면서
힘이 되어주고 싶으셨던 것입니다."

부모와 자식이라는
역할의 가면을 벗자

예전에 한 정신과 병원에서 일주일에 한 번 비상근으로 근무했던 적이 있습니다. 그 병원은 환자 대부분이 조현병을 앓고 있는 곳이었고 저는 그곳에서 데이케어 직원으로 일했습니다.

제가 가는 날은 일주일에 한 번 모두 함께 요리를 하는 날이었습니다. 다 같이 요리하는 것은 환자들이 사회에 복귀하는 것을 돕기 위함이었습니다. 먼저 당일 아침에 같이 장을 볼 사람을 지원받습니다. 그러면 50여 명의 환자 중 네댓 명이 손을 듭니다. 이후 가까운 슈퍼로 가서 한 손에 계산기를 들고 돌아다니며 가장 싼 식재료를 구입합니다. 병원으로 돌아와서 요리를 시작하는데 그때 도와주는 사람은 열다섯 명 정도입니다. 나머지 사람은 요리가 다 될 때까지 그냥 누워 있습니다.

그곳에서는 누구도 '일하지 않는 자, 먹지도 말라'와 같은 말을 하지 않습니다. 오늘 요리를 하고 있는 사람은 잘 알고 있을 것입니다. 내일은 컨디션이 나빠져 요리를 할 수 없을지도 모른다, 그렇다면 컨디션이 좋은 오늘은 요리를 하자! 그렇기에 장을 보러 가지도 않고 요리를 하지 않는 사람이 있더라도 누구 하나 불평하지 않는 것입니다. 나름 건강한 사회라는 생각이 들었습니다.

그 병원에서 저는 흰 가운을 입지 않았습니다. 보통 의료진이 흰색 가운을 입는 것은 환자에게 자신이 의료진이라는 것을 알리기 위함입니다. 그런데 왜 입지 않았던 것일까요?

치매를 앓는 사람은 자신의 물건을 뺏겼다거나 누군가 숨겼다는 망상에 빠지곤 합니다. 며느리가 그 타깃이 되는 경우가 많은데, 가끔 그 화살이 방문 간호사에게 돌아갈 때도 있습니다. 그런 일에 대해서 아버지의 방문 간호사에게 물은 적이 있습니다.

"간호사 선생님한테도 그럽니까?"

"그럼요. 그래도 가족보다는 제가 당하는 편이 낫지요."

"그런 일을 당하는 게 싫지 않습니까?"

"이 흰색 가운을 입고 있는 동안에는 괜찮아요."

흰 가운을 입고 있는 동안에는 어떤 일을 당하더라도 의료진으로서 환자를 대하고 있다는 마음가짐에 흔들림이 없을 수 있고, 환자에게도 의료진이라는 사실을 명확히 표시할 수 있습니다. 그러나 가족에게 망상의 화살이 향하면 도망칠 길이 없습니다.

처음 데이케어 직원으로 참여한 날, 한 환자가 제게 다가왔습니다.

"당신, 못 보던 얼굴인데?"

"네, 오늘 처음 왔습니다."

"그렇군. 자네도 알겠지만, 이 병은 절대 서둘러선 안 돼. 천천히 완전히 치료해나가자고."

말하자면 저를 같은 환자로 착각한 것입니다. 흰 가운을 입지 않았기 때문에 저는 이른바 의료진이라는 가면을 쓰지 않았던 것이지요.

우리는 역할이라는 가면을 쓰고 삽니다. 사람을 뜻하는 영어 단어 'person(퍼슨)'의 어원은 라틴어인 'persona(페르소나)'입니다. 페르소나는 '가면'이라는 의미지요. 부모는 부모라는 가면을 쓰고 아이와 함께합니다. 하지만 부모라는 가면을 쓰고 있는 한, 부모로서 동행할 뿐 인간으로서 아이와 동행하는 것은 아닙니다. 흰 가운을 입으면 역할의 차이는 확실히 알 수 있지만, 환자를 인간 또는 친구로서 대할 수는 없습니다.

가정에서도 마찬가지입니다. 부모가 부모의 가면을 쓰고 있는 한, 아이는 아이의 가면을 벗으려고 하지 않습니다. 아이가 아니라 친구라고 생각하며 이야기를 나누면 설교를 할 필요가 없습니다. 부모가 설교를 시작하면 기분 좋게 이야기하던 아이도 말을 멈추게 됩니다. 내 이야기를 끝까지 들어보지도 않은 채 끼어들고 게다가 비판까지 하는 사람에게는 어떤 이야기도 들려주고 싶지 않기 때문이지요.

부모님과의 관계에서도 마찬가지입니다. 자식이라는 가면을 쓰지 않으면 인간으로서 부모님의 이야기에 귀를 기울일 수 있습니다. 저만 해도 아버지가 틀린 말씀을 하시더라도 고쳐주어야겠다고 생각하지 않았습니다. 그랬기에 아버지의 이야기를 재미있게 들을 수 있었습니다.

아버지가 종교에 빠지셨을 때 "종교 같은 것은 미신이에요" 라고 말씀드렸으면 이야기는 거기서 끝이 났을 것입니다. 병이 진행되면서 결국 아버지의 이야기도 두서없이 흘러갔지만, 이해하면 혹은 이해하려고 노력하면 못 들을 것도 없습니다.

그렇다고 모든 이야기를 다 받아들일 필요도 없습니다. 생각이 다를 때는 "무슨 말인지는 알겠지만 찬성할 수 없어요" 라고 하면 됩니다. 만약 찬성할 수 없는 일을 부모님이 선택한다면, 그때는 친구로서 도와주면 됩니다.

아무리 그래도 자식의 가면을 벗을 수 없을 것 같다면 친구의 가면을 쓰는 것은 어떨까요? 부모 자식 관계에서도 부모 혹은 자식이, 가능하면 양쪽 다 친구의 가면을 쓴다면 이야기를 나누는 법이 달라질 것입니다.

눈앞에 있는 이 사람이 만약 나의 소중한 친구라고 한다면 어떤 자세로 그와 이야기를 나누어야 할지 우리는 잘 압니다. 상대의 문제에 생각 없이 뛰어들지도 않을 것이고, "그건 내 문제가 아니라 네 문제잖아"라고 내치는 말도 하지 않을 테니까요.

● 부모님께 받은 것을
■ 돌려줄 수 없다는 사실

학부 시절에 간사이의과대학교의 모리 신이치森
進一 선생님의 자택에서 열렸던 고대 그리스어 독서회에 매주
참가한 일이 있었습니다. 의대생과 현역 의사 외에도 저처럼
다른 대학의 학생이나 대학원생도 있었습니다.

아버지에게 "그리스어를 배우게 되었어요"라고 말씀드리자
아버지는 대뜸 "강습비는 얼마냐?"라고 물으셨습니다. "비용
은 안 물어봤는데, 아마도 받지 않을 거예요"라고 대답하니
아버지는 "세상에 공짜가 어디 있니? 지금 당장 전화해서 물
어봐라"라고 화를 내셨습니다. 아버지의 말씀이 아니더라도

보답을 바라지 않고 그저 주려고 하는 사람이 있다는 사실이 저 또한 놀라웠기에 전화해서 물어보았습니다. 선생님은 이렇게 답하시더군요.

"만약 자네 후학 중에 그리스어를 배우고 싶다는 사람이 있거든 그때 그 사람들에게 자네가 가르쳐주면 되는 거라네."

모리 선생님의 가르침에 따라 이후에 저는 몇 명의 학생들에게 개인적으로 그리스어와 라틴어를 가르쳤고, 결국 대학에서까지 그리스어를 가르치게 되었습니다.

나중에 부모님을 간병하게 되었을 때 이 일이 떠오르면서 깨닫게 된 것이 있습니다. 부모님으로부터 받은 것을 돌려주고 싶어도 결국은 돌려줄 수가 없다는 사실이지요. 아무리 부모님이 "내가 너를 키워주었으니 이제부터는 네가 나를 간병해주었으면 좋겠구나"라고 말한들 우리가 부모님의 기대에 부응할 수 있을까요? 더구나 부모님이 흡족할 만한 방법으로 부모님을 만족시킬 수 있을까요? 아마도 무리일 것입니다. 만약 완벽하게 간병할 수 있다고 하더라도 부모님으로부터 받은 것을 모두 갚았다고 할 수 있겠습니까?

부모로서의 저는 아이에게 준 것만큼 아이로부터 돌려받겠다는 기대는 하지 않습니다. 과연 많은 부모가 언젠가 자신에게 간병이 필요해질 날을 염두에 두고 아이들을 키우는 것일까요? 그런 것은 아닐 겁니다.

하지만 자식 입장에서 보면, 간병이 필요해진 부모님을 손 놓고 바라볼 수만은 없는 노릇입니다. 해야 할 일, 하고 싶은 일, 할 수 있는 일 중에서 가능한 것은 할 수 있는 일뿐입니다. 부모님을 좀 더 잘 간병하고 싶겠지만 우리에게 가능한 것은 할 수 있는 일뿐입니다. 할 수 있는 일과 할 수 없는 일의 선을 분명히 긋지 않으면 앞으로 몇 년이 될지 모르는 간병을 끝까지 해낼 수 없습니다.

저는 제가 병에 걸려 요양하느라 일을 많이 하지 않았기 때문에 2년 동안 아버지를 간병할 수 있었습니다. 어머니가 입원했을 때는 병원에서 쪽잠을 자며 3개월을 함께 보냈습니다(물론 부모님이 만족할 만큼 간병을 했다고는 생각하지 않지만요). 어머니는 그때까지 제가 어머니로부터 받은 것을 돌려드릴 틈도 없이 너무 빠르게 가버리셨습니다.

그래서 저는 부모님에게 받은 것을 직접 돌려주지는 못하더라도 자식이 있으면 자식에게 돌려주면 된다고 생각합니다. 자식이 없다면 사회에 다른 형태로든 돌려줄 수 있습니다.

사람은 혼자서 살아가는 것이 아닙니다. 다른 사람들과 수 많은 연결고리를 만들며 살아갑니다. 나와 연결되어 있는 사람 또한 또 다른 누군가와 연결되어 살아갑니다. 이런 연결고리 속에서 나는 누군가에게 받고 나 또한 누군가에게 줄 수 있는 것입니다.

내가 준 것이 받은 사람으로부터 바로 내게 돌아오리라는 보장은 없습니다. 돌고 돌아서 내게 돌아올 수도 있고 영원히 돌아오지 않을 수도 있습니다. 아마도 돌아오지 않겠지요. 하지만 돌아오지 않는다고, 혹은 돌려주지 못한다고 해서 아무것도 하지 않을 수는 없습니다.

다른 사람에게 할 수 있는 일이 있으면 그저 하면 됩니다. 인간관계에서는 주는 것만 생각하면 됩니다. 감사하다는 인사를 포함해서 돌아올 것 따위는 기대하지 않으면서요.

"부모님을 좀 더 잘 간병하고 싶겠지만
우리에게 가능한 것은 할 수 있는 일뿐입니다."

● 히비스커스를 대하는 마음,
■ 아버지를 보는 마음

여름 동안 아버지 집 정원에서 꽃을 피우던 히비스커스가 계절이 바뀌면서 봉우리를 맺지 않아 꽃이 피는 것을 볼 수 없게 되었습니다. 여름 내내 저는 커다란 꽃이 필 때마다 아버지에게 "저것 보세요, 히비스커스 꽃이 피었어요" 하고 알려드렸습니다. 아버지는 그 꽃을 보고 싱글벙글 좋아하셨지만, 아침식사 후에 잠이 들어 점심에 다시 일어나셨을 때는 제게 그 꽃을 가르키며 "저건 어제 폈단다"라고 말씀하셨습니다.

이럴 때는 가족이 나서서 저 꽃은 어제 핀 것이 아니라 오늘 아침에 핀 거라고 굳이 정정할 필요는 없습니다. 한숨 자고 눈을 떴으니 오전의 일이 어제의 일처럼 생각될 수도 있는 것이지요. 비록 사실을 알게 되어 놀라고 슬퍼할지라도 있는 그대로의 사실을 알려주어야 한다고 생각할 수는 있습니다. 하지만 그 사실을 깨닫는 것이 아버지에게 무슨 의미가 있을까요?

저는 오히려 아버지가 '어제'를 인식하고 계셨다는 사실에 놀랐습니다. 막연하게 '현재'와 '과거'를 구별하는 것이 아니라, 그 과거에 있었던 일을 완전히 잊어버린 것이 아니라, '어제' 히비스커스 꽃이 피었던 사실을 기억하고 계셨기 때문입니다.

부모님이 과거를 잊고 오늘이 며칠인지 알 수 없게 되는 것은 당신들의 내면세계 안으로 피하고 있기 때문입니다. 그 세계에서는 부모님 나름의 자체적인 시간이 흐르고 있습니다. 가족은 부모님을 우리가 살고 있는 공통의 세계로 돌아오게 하려고 애씁니다. 하지만 더 이상 일을 하지 않는 부모님이 "오늘은 몇 월 며칠입니까?"라는 물음에 답할 수 없게 되는 것은 어쩌면 당연한 일일지도 모릅니다. 그 일이 누군가에게 실질적인 피해를 입히는 것도 아닙니다.

자유자재로 시공간을 넘나드는 것처럼 보이는 부모님을 공통의 세계로 돌려놓으려고 애쓸 것이 아니라, 가족이 부모님의 세계로 들어가는 것은 어떨까요? 물론 부모님의 사적인 내면세계는 꿈의 세계처럼 이해하기 힘들 수도 있습니다. 그렇더라도 이해하려고 노력하는 수밖에 없습니다. 틀렸다든가 이상하다며 사적인 시간 속에 살고 있는 부모님을 비판한들 치매를 이겨내는 데는 아무런 도움도 되지 않으니까요.

저는 이전에 관상동맥우회술을 받았는데, 마취에서 깨어나자마자 인공호흡기에 연결되어 있던 관이 빠졌습니다. 전신마취를 했던 저는 사적인 시간 정도가 아니라, 시간이 존재하지 않던 세계에서 억지로 공통의 시간 축이 지배하는 세계로 불려온 듯한 느낌을 받았습니다. 근육이완제가 투여되어 심장이 멈추었던 저는 죽음의 주위를 배회하고 있었을 테니 두려움 속에 떨고 있었겠지요. 심장이 다시 움직이면서 저는 공통의 시간 축으로 돌아왔고 그 두려움의 세계에서 빠져나온 기쁨을 맛봐야 했겠지요. 그런데 오히려 모처럼 좋은 꿈을 꾸고 있었는데 멋없는 알람소리에 눈을 떴을 때와 같은 기분이 들었습니다.

여름이 지나고 아버지가 즐거이 기다리시던 히비스커스 꽃도 더 이상 피지 않게 되었습니다. 그래도 저는 매일 물 주는 일을 거르지 않았습니다. 어느 날, 꽃봉오리가 생긴 것을 발견했습니다. 무더운 여름날에는 하루가 다르게 봉오리가 커다래져서 꽃이 피기까지 얼마 걸리지 않았지만, 가을이 되면서 봉오리는 좀처럼 커지지 않았습니다.

그래도 포기하지 않고 계속 물을 주자 하루는 오랜만에 커다란 꽃이 피었습니다. 자세히 보니까 다른 곳에도 작은 봉오리가 맺혀 있더군요. 이를 계기로 저는 오늘 핀 꽃이 지더라도 변함없이 히비스커스에 물을 주며 돌보겠지요. 꽃을 보기 위해서가 아니라, 더 이상 꽃을 피우지 않더라도 돌보기를 멈추지 않을 것입니다.

불현듯 히비스커스를 대하는 마음과 아버지를 대하는 마음이 닮았다고 느껴졌습니다. 비록 의사로부터 치매는 낫지 않는다는 소리를 들었다고 해도 그저 손 놓고 있을 수는 없습니다. 무슨 일이 일어나든 부모님의 간병은 받아들일 수밖에 없으니까요. 간병에는 '왜'가 없습니다. '어떻게'밖에 없습니다. 우리 부모님이 왜 이렇게 되었을까 생각한들 답은 나오지 않습니다. 지체 없이 간병의 시간이 시작될 뿐이지요.

포기하지 않고 물 주기를 계속하다 보면 꽃이 필지도 모릅니다. 두 번 다시 꽃 피는 일이 없을지도 모르지요. 그렇더라도 더 이상 꽃을 보지 못할 거라고 생각하며 물을 주고 싶지는 않습니다. 어떻게 될지는 모르지만 지금 할 수 있는 일이 '물 주기'라면 그 일을 멈추고 싶지 않다는 뜻입니다. 언제가 마지막이 될지는 아무도 모르니까요.

"간병에는 '왜'가 없습니다. '어떻게'밖에 없습니다.
우리 부모님이 왜 이렇게 되었을까 생각한들
답은 나오지 않습니다.
지체 없이 간병의 시간이 시작될 뿐이지요."

● 어제와 변함없는
■ 오늘에도 기쁨은 있다

　　　남의 집 아이는 눈 깜짝할 사이에 큰다는 말이
있습니다. 하지만 아이가 어리면 잠깐이라도 한눈팔면 큰일
나기에 아이와 보내는 하루하루가 억만 겁의 시간처럼 느껴
집니다. 하루하루가 이렇게 힘이 드니 1년이란 세월이 참으로
아득하게 느껴지고 아이가 언제 크나 싶습니다. 하지만 남의
집 일의 경우 이렇게 매일 쌓여가는 힘든 시간까지 보지 않으
니 오랜만에 본 아이의 성장에 깜짝 놀라게 됩니다. 물론 내
아이도 확실히 성장의 흔적이 보이기는 합니다. 가끔은 불과
얼마 전까지는 하지 못했던 일을 할 수 있게 되었다는 사실

을 깨닫고 놀라기도 합니다.

부모님은 아이와는 다르게 오늘 할 수 있었던 일을 내일은 못하게 될지도 모릅니다. 아이의 성장처럼 부모님이 쇠약해지는 것도 바로 알 수 있느냐고 묻는다면, 꼭 그런 것은 아니라고밖에 말할 수 없습니다. 어쩌다 가끔 아버지를 만나는 사람은 언제나 아버지 곁에 있는 저만큼 아버지의 변화를 알아채지 못했습니다.

사실 아버지는 자신이 누구와 이야기를 나누고 있는지 모르더라도 대화를 나누는 데는 전혀 문제가 없었습니다. 그러니 아버지가 치매라는 사실을 눈치채지 못한 사람도 많을 것입니다. 아버지가 병문안 온 사람과 자연스럽게 대화하시는 것을 보고 '역시 만나면 생각이 나시는구나' 싶어서 흐뭇했는데, 그 사람이 자리를 비우자마자 곧바로 제게 "저 사람은 누구냐?" 하고 물으셔서 김빠지는 일도 있었습니다.

그러나 그것도 친한 정도에 따라 달라서 오랫동안 만나지 않았던 사람이라고 해도 예전의 아버지를 잘 아는 사람에게는 바로 들키고 말았습니다. 하루는 고모부가 병문안을 오셨습니다. 아버지가 예전과 변함없는 모습으로 고모부를 대하시는 것을 보고 안도했는데, 역까지 배웅해드리는 도중에 고모부는 아버지의 병을 바로 알아차렸다며 걱정하셨습니다. 그랬던 고모부가 아버지보다도 먼저 세상을 떠나신 것을 생각하면, 무슨 일이 어떻게 일어날지는 정말 아무도 모를 일입니다.

아이를 키울 때처럼 할 수 없는 것이 아니라 할 수 있는 것에 주목한다면, 많지는 않아도 부모님 또한 어제는 못했지만 오늘은 할 수 있게 된 것을 찾을 수 있을지 모릅니다. 그렇지만 어제와 변함없는 일들은 얼마든지 있습니다.

개중에는 급속도로 못하게 되는 일도 있습니다. 치매는 이가 빠지는 것과 비슷합니다. 이가 빠지기 전에는 흔들흔들하긴 해도 어떻게든 붙어 있지만, 일단 빠져버리면 더 이상 원상복귀는 어렵습니다. 그래도 살 수는 있습니다. "이가 없으면 잇몸으로 산다"라는 말도 있지 않습니까.

무언가 못하게 된다고 해도 시간이 걸려 서서히 안 되는 것이기 때문에 짧게 보면 어제와 오늘로는 변하지 않는 것이 오히려 많습니다. 부모님과의 관계에서도 이 '변화 없음'에 주목해 기뻐해야 합니다.

과거와 현재를 비교해보며 아이의 성장에는 깜짝 놀라지만 부모님이 쇠약해지는 모습에는 낙담하는 일이 있을 것입니다. 그러나 아이든 부모님이든 함께 있을 수 있는 시간 자체를 소중하게 받아들인다면 아이의 성장은 천천히, 부모님이 쇠약해지는 모습이나 병의 진행은 느리게 느낄 수 있습니다.

아버지는 저와 이야기를 나누실 때도 대부분은 다른 곳을 보고 계신 것처럼 보였습니다. 몇 명이 함께 밥을 먹어도 아버지는 그 안에 섞이질 못하셨습니다. 모두가 아직 담소를 나누는 중이어도 아버지는 자야겠다는 생각이 들면 아무런 말도 없이 자리에서 일어나 방으로 들어가버리셨습니다. 마치 주변에 아무도 없는 것처럼, 언제나 제가 혼자서 아버지 곁을 지키고 있을 때처럼요.

그런 아버지가 모두 함께 있는 자리에 '같이 어우러지시는구나' 하고 느껴질 때가 있습니다. 바로 함께 웃을 때입니다. 그럴 때는 아버지와 '지금, 여기'에 있는 것을 실감할 수 있습니다.

아버지가 앉아 계신 곳에서는 창밖에 있는 나무들이 보이고 가끔 새가 날아드는 모습도 볼 수 있었습니다. 직박구리가 동백꽃의 꿀을 먹으러 날아오면 아버지는 언제나 크게 웃으셨습니다.

아버지가 모두와 함께 웃을 때, 마침 그 자리에 있던 사람들의 의식이 '지금, 여기'를 공유하는 것을 실감할 수 있었습니다. 언제나 그런 순간을 함께할 수는 없지만 불현듯 찾아오는 행복의 순간을 놓치고 싶지는 않았습니다.

"어제와 오늘로는 변하지 않는 것이 오히려 많습니다.
부모님과의 관계에서도 이 '변화 없음'에 주목해
기뻐해야 합니다."

● 우리가 함께 있는 것만으로도
■ "고맙습니다"

　　　　나이 든 부모님을 대할 때는 특별한 무언가에 주목할 필요가 없습니다. 그러고 싶어도 그럴 수 없다는 말이 맞겠지요. 무엇이든 할 수 있는 것에만 가치를 두는 사람이 있습니다. 할 수 있는 것에만 주목하는 사람은 어제는 가능했던 것을 오늘은 못하게 될지도 모르는 부모님에게는 그 어떤 관심도 두지 않게 됩니다.

　　그런데 부모님은 아무것도 하지 않는 게 아닙니다. 사실 부모님은 살아 있는 것만으로도 가족에게 힘이 되는 존재입니다. 부모님이 돌아가신 후 가족끼리 어딘가 어색함을 느낄 때

우리는 처음으로 깨닫게 됩니다. 아무것도 하지 않는 것처럼 보이던 부모님이 사실은 가족을 하나로 연결해주는 상징적인 존재였다는 것을요. 그렇게 가족에게 기여하고 있었다는 것을요.

제 아들이 초등학생이었을 때의 일입니다. 하루는 저녁 늦게 "아빠, 오늘 고마웠어요" 하고 제게 인사를 하는 게 아닙니까! 뭘 해준 기억이 없었기에 왜 그러느냐고 물었지요. 그리고 알게 되었습니다. 아들은 제가 무언가 해주어서 고맙다고 한 것이 아니라, 함께 살고 있다는 사실에 대해 고맙다는 표현을 하고 싶어 했다는 것을요. 즉 행위가 아니라 존재에 주목해 '고맙다'라는 말을 할 수 있다는 사실을 그날 저는 아들에게 배웠습니다.

여러분은 부모님에게 "고맙습니다"라고 말한 적이 있습니까? 가족이니까 굳이 말하지 않아도 알아줄 것이라 생각하지 말고, 오히려 가족이니까 "고맙습니다"라고 말로 표현해주었으면 합니다. 아주 작은 일이라도 좋습니다. 여러분이 먼저 표현하세요. 밥공기를 전부 비우는 모습에 내 마음이 좋으니 그 일로 "고맙습니다"라고 할 수도 있습니다. '아버지, 어머니가 계시기 때문에 내가 안심하고 있을 수 있다'는 마음이 든다면, 망설이지 말고 부모님의 존재에 "고맙습니다"라고 표현하세요.

아버지는 본가에 돌아오시고 나서 제가 식사 준비를 하면 언제나 저에게 "고맙다"라고 인사를 하셨습니다. 젊었을 때 아버지와 둘이서 생활했을 때는 그런 말을 들은 적이 없었던 것 같은데, 어쩌면 아버지는 그때도 그런 말씀을 하셨을지 모릅니다. 그 외에 "네가 있어서 안심하고 잘 수 있는 거야"라고 말씀해주신 것도 기뻤습니다. 내가 들어서 기뻤던 말이라면 그 말 그대로 부모님에게 돌려주면 됩니다.

왜 이런 말을 해야 할까요? 부모님의 존재가 우리에게 도움이 된다는 사실을 부모님 스스로도 느껴야 하기 때문입니다. 나이 든 부모님은 당신이 더 이상 아무것도 할 수 없다는 사실에 자신을 잃고, 스스로가 아무런 가치가 없다고 생각할지 모릅니다. '나 같은 건 없는 편이 낫지'라며 괴로워할 수도 있습니다. 그렇게 되면 가족 안에서 당신들의 자리가 없다고 느끼게 됩니다.

그런 부모님에게 특별한 어떤 것에 대해서가 아니라, 존재 그 자체에 "고맙습니다"라고 해줌으로써 부모님의 존재가 가족들에게 도움이 되고 있음을 인식시켜주어야 합니다. 당신들이 도움이 된다고 느끼면 스스로 가치 있다고 생각할 것입니다.

아버지는 식사 시간 외에는 거의 주무시기만 하셔서 저는 아버지 집에 있는 동안 대부분 컴퓨터 앞에 앉아 원고를 쓰거나 소파에 앉아 책을 읽곤 했습니다. 이 이야기를 언젠가 친구에게 했더니 "아버지를 지킬 수도 있고 일도 할 수 있으니 일거양득이네"라고 하더군요. 확실히 그 친구가 말한 대로 내 방에서 일을 했다면 그렇게 집중할 수 없었을 것입니다. 피곤하면 뭔가 다른 일이 하고 싶어질 테고, 이 핑계 저 핑계를 대면서 해야 할 일을 미루었을지도 모릅니다. 아버지 덕분에 저는 계획대로 원고를 쓸 수 있었고 매일 많은 책을 읽을 수 있었습니다.

부모님이 존재하는 것만으로도 우리 가족에 기여하고 있음을 주목하고 부모님께 "고맙습니다"라는 말을 자주 들려주어야 합니다. 특별한 일을 하지 않아도 가족에게 도움이 되고 있음을 알려주어야 합니다. 부모님 스스로 가족에게 도움이 된다고 느끼면, 가족을 불안하게 만들거나 화나게 만드는 일 따위는 하지 않아도 된다는 사실을 깨닫게 될 것입니다.

아버지는 마지막까지 제가 누구인지 잊지 않으셨지만, 만약 저를 못 알아보게 되셨다고 해도 저는 아버지에 대한 태도를 바꾸지 않았을 것입니다. 그것은 아버지를 간병하며 제가 결심했던 중요한 사항 중 하나였습니다.

만약 부모님이 나를 알아보지 못하는 날이 온다고 해도 절망하지 맙시다. 나는 오늘 이 사람과 처음 만나는 것이라고 생각하면 됩니다. '지금 이 순간, 나는 이 사람과 처음 만난 거다!'라고 생각하며 하루를 시작하면, 이미 과거는 없는 것이니까요.

● 어떤 식으로로든
■ 도움이 될 수 있을 때

　　자신이 한 일에 대해서 상대방이 항상 고맙다고 말해주기를 바라는 사람에게는 간병이 정말 고통스러운 일일 것입니다. 편찮으신 부모님이 반드시 "고맙다"라고 말해주리라는 보장은 없습니다. 오히려 아무 말도 듣지 못할 때가 더 많을 것입니다.

　　부모님도 고의로 "고맙다"라는 말을 하지 않는 것은 아니겠지요. 어쩌면 간병이 필요해지기 훨씬 전부터 누구에게도 "고맙다"라는 말을 하지 않는 사람이었을지도 모릅니다.

　　마찬가지로 자식들도 부모님에게 "고맙습니다"라고 말하는 게 무언가 어색하면서 부모님이 그런 말을 해주길 기대하는 것은 공평하지 않습니다. 부모님이 하든 하지 않든 상관없이 나 스스로 다짐할 수 있습니다. '내가 먼저 고맙다고 표현해야지' 하고 결심할 수 있습니다.

오랫동안 시부모님을 간병하고 있던 친구로부터 이런 이야기를 들은 적이 있습니다. 친구의 시어머니가 매일 밤 마른 세탁물을 개면 친구는 언제나 "고맙습니다"라고 말했답니다. 하지만 시어머니가 잠들고 나면 친구는 세탁물을 다시 전부 새로 개야 했습니다. 물론 친구는 그 일에 불만을 가지지 않았습니다. 시어머니가 그 일을 오랫동안 기억하고 있었는지는 알 수 없지만, 적어도 자신이 한 일에 대해 "고맙습니다"라는 말을 듣고 가족에게 무언가 도움이 되었다며 만족했겠지요.

간병이 누구에게나 똑같이 힘든 일은 아닙니다. 그렇다고 쉬운 간병도 있다는 의미는 아닙니다. 간병하는 사람이 간병을 어떤 식으로 인식하느냐에 따라 달라진다는 뜻입니다.

저는 아버지의 "고맙다"라는 말이 기뻤습니다. 그 말이 확실히 힘이 되는 것은 사실입니다. 하지만 "고맙다"라는 말을 듣지 못한다고 해서 낙담해서는 안 됩니다. 부모님이 "고맙다"라는 말을 하지 않게 되었을 때, 혹은 원래 그런 말을 잘 하지 않는 부모님이라면 간병은 고통스러운 일이 되니까요.

부모님이 방금 밥 먹은 사실도 잊어버리고, 어떤 일을 해줘도 기억하지 못하고, 무슨 일을 해도 당연하다는 태도를 취한다면 '내가 무엇을 하고 있는 거지' 하는 생각이 들 수는 있습니다. 간병 그 자체가 힘든 것은 견딜 수 있어도 내가 하는 일이 쓸데없는 것처럼 느껴지는 것은 견디기 힘들 것입니다. 간병은 어쩌면 상대방이 아니라 나 자신을 먼저 납득시켜야 할 수 있는 일인지도 모르겠습니다.

부모님이 아무 말도 안 한다고 해서 간병을 그만둘 수는 없는 노릇입니다. 지금의 상태를 현실로 받아들이고 거기서부터 시작할 수밖에 없습니다.

저는 밖에서 일하고 돌아오는 가족들을 위해 꽤 오랫동안 저녁을 준비해왔습니다. 하루는 평소보다 빨리 돌아온 딸이 "아빠, 오늘은 우리 카레라이스 먹어요. 제가 도울게요"라고 말했습니다. 사실 집에서 일을 하긴 해도 저녁을 준비할 무렵에는 저도 지쳐 있을 때가 많았습니다. 딸이 "아빠도 낮에 일 하시잖아요. 그러니까 쉬엄쉬엄 하세요"라고 말해주었을 때는 정말 기뻤습니다.

그날 딸이 돕겠다고 말해준 덕분에 기운이 난 저는 장을 보고 와서 저녁 준비를 시작했습니다. 그런데 돕겠다고 한 딸이 자기 방에 들어가서 한참이 지나도 나타나지 않는 겁니다. 재료를 다 자르고 나서야 겨우 부엌에 들어온 딸은 나머지 일을 도맡아 해주었습니다.

그날은 딸이 뒤늦게나마 처음 말한 대로 도와주었지만, 만약 마음이 바뀌어서 도와주지 않았다고 해도 저는 언제나처럼 저녁을 준비하는 것만으로도 가족을 위해 도움이 된다고 느꼈을 것입니다. 즉 딸이 도와주지 않았어도 제가 가족을 위해 무언가 할 수 있다고 느끼는 마음에는 아무런 영향도 주지 못했을 것이라는 뜻입니다.

부모님과의 관계에서도 마찬가지입니다. 내게 부모님을 도울 수 있는 기회가 생겼다는 사실이 중요하고, 내가 부모님에게 도움이 된다는 사실이 나를 만족시킵니다. 그러니 부모님에게는 어떠한 감사도 기대하지 않는 게 좋습니다. "고맙다"는 말을 듣고 싶다는 생각도, 부모님이 나를 인정해주었으면 하는 욕구도 결국에는 아무것도 아닌 게 됩니다. 스스로가 도움이 되었다는 사실에 만족한다면요. 부모님으로부터 감사를 받고 싶다고 생각하는 것은 칭찬받지 않으면 삐뚤어진 행동을 하는 아이와 똑같다고밖에 할 수 없습니다.

의외로 자신의 가치를 인정하지 않는 사람들이 많습니다. '내가 없으면 가족끼리 사이가 더 좋아지겠지?'라는 생각까지 하는 사람도 있습니다. 그런 생각을 하는 사람은 보통 자기 스스로를 좋아하지 않습니다. 하지만 나는 나일 뿐 다른 누군가가 될 수는 없습니다. 그러므로 스스로 가치를 발견해야만 합니다. 그렇지 않으면 행복해질 수 없습니다.

그렇다면 어떻게 해야 자신의 가치를 느낄 수 있을까요? 스스로 누군가에게 어떤 식으로든 도움을 줄 수 있을 때, 사람은 자신을 가치 있다고 여깁니다. 부모님에게 "고맙습니다"라고 말하는 것은 부모님 스스로가 당신들을 가치 있는 사람이라고 생각하길 바라기 때문입니다. 앞서 말한 친구의 경우도 마찬가지입니다. 나중에 세탁물을 전부 다시 개야 하는 일이 생길지라도 "고맙습니다"라고 말했던 것은, 세탁물을 개는 것으로 시어머니가 가족에게 도움이 되었다고 느끼길 바랐기 때문입니다. 더 나아가 그 일로 당신이 가치 있는 사람이라는 것을 알길 바랐기 때문입니다. 비록 아무것도 할 수 없다고 해도 살아 있는 것만으로도 가족에게 힘이 된다는 사실을 꼭 표현해주세요.

나 자신에게도 마찬가지입니다. 내가 도움이 된다는 사실이 기쁘고 자신의 가치를 느끼게 하는 것이지, 부모님으로부터 감사를 받아야만 자신이 한 일에 가치가 생기는 것은 아닙니다.

● ■ 간병하는 나날들을 견딜 수 있었던 이유

초등학교에 들어가기 전의 일입니다. 전철 안에서 여동생과 함께 큰 소리로 노래를 부른 적이 있습니다. 문득 주변을 돌아보니 사람들이 우리의 노래를 듣고 있었습니다. 실제로는 단지 그런 느낌만 들었을 뿐이었는지도 모르지만 저는 부끄러워져서 노래를 그만 불렀습니다. 아마 그때, 주변 상황을 전혀 의식하지 않고 천진하게 굴던 저의 어린 시절은 끝난 모양입니다.

시간이 흘러 제가 부모가 되자 아이와 함께 전철을 타는 데는 용기가 필요했습니다. 전철 안에서 아이가 울거나 하면 주변 승객들로부터 무언의 압력이 느껴졌으니까요. "아이가 울지 않도록 부모가 제대로 교육하지 못했다면 아이와 대중교통을 이용해서는 안 된다"라고 말하는 사람이 있을지도 모릅니다. 그렇다면 그 사람은 아이와 함께 외출한 경험이 없을 것입니다. 자신도 예전에는 아이였다는 사실을 잊었을지도 모르고요. 저는 아이의 행동을 관용으로 감싸줄 수 있는 사회가 되어야 한다고 생각합니다.

노인에 대한 처우도 마찬가지입니다. 저는 언제쯤에 '안심하고 치매를 앓을 수 있는 사회'가 될 수 있을까 생각합니다.

자동판매기를 예로 들어보지요. 자동판매기는 사용법이 기계마다 제각각이라서 불편한 점이 많습니다. 직원이 응대해준다면 다소 틀리더라도 이쪽에서 원하는 것이 무엇인지 이해하고 적절하게 조치를 취해주겠지만, 기계는 그런 면에서 전혀 융통성이 없으니 당혹스러울 수밖에요. 꼭 노인이 아니더라도 공감할 수 있을 것입니다.

사람과의 관계가 서툰 사람은 자동판매기 쪽이 스트레스도 받지 않고 긴장하지 않아도 되니 좋을 수 있습니다. 개인적으로는 기계 조작을 통일시키자는 발상에 동의하지는 않지만, 어떤 조작도 하지 않았는데 자동으로 잔돈이 나온다거나 레버를 돌려야만 잔돈이 나온다거나 하는 것은 좀 문제가 있다고 생각합니다(일본의 자판기는 종류가 다양해서 잔돈이 자동으로 나오는 기계도 있고, 레버를 돌려야 나오는 기계도 있다고 한다—옮긴이). 아버지가 음료를 사려고 돈을 넣었는데 아무것도 나오지 않았다고 화를 내신 적이 있습니다. 사람이 있는 가게였다면 그런 일은 없었겠지요.

장기적으로는 영유아, 고령자, 장애인, 임산부 그리고 모든 사람이 안심하고 살 수 있는 사회를 만드는 게 목표가 되어야 합니다. 그러기 위해서는 내가 무엇을 할 수 있을지 생각해봅시다. 치매를 앓는 사람이 안심하고 살 수 있는 사회가 실현되기까지 부모님의 간병을 하지 않고 지낼 수는 없으니까요. 육아와 간병을 둘러싼 현실이 냉엄한 것은 사실이지만, 그 냉엄한 현실 속에서 무엇을 할 수 있을지 찾아보는 게 중요합니다.

아이들이 아직 어렸을 때, 출근하는 아내를 대신해 아이들을 어린이집에 데려다주고 데려오는 일은 언제나 제 몫이었습니다. 아이들을 자전거에 태우고 어린이집에 가다가 마주치는 동네 아주머니들로부터 육아에 대한 조언을 듣기도 하고 어린이집에 아이들을 들여보내고 밖에 선 채로 젊은 엄마

들과 육아에 관한 정보를 교환하기도 했습니다. 혼자만 육아로 힘들어하는 게 아니라는 사실을 알게 된 것만으로도 위로가 되었습니다. 당시에는 머릿속으로 그려왔던 만큼 아이를 대하는 일이 쉽지 않아서 낙담하는 날이 많았는데, 지금은 오히려 좋은 추억으로 남았습니다.

아버지의 간병을 시작하면서 블로그에 글을 올리자 곧바로 많은 사람이 메일과 전화를 주었습니다. 모두 간병의 베테랑이어서 상황마다 어떻게 해야 좋을지를 구체적으로 가르쳐주었습니다.

간병이 힘들지 않았다면 거짓말이겠지요. 하지만 많은 사람의 조언이 있었기에 간병하는 나날들을 견딜 수 있었습니다. 사람들에게 도움을 받고, 저 또한 제 경험을 들려줌으로써 다른 이에게 도움이 되는 사회를 만들고 싶습니다. 나이가 들면 저 역시 무력한 존재가 되겠지요.

앞서 제가 비상근으로 근무했던 병원 이야기를 다시 해보겠습니다. 그 병원에서는 환자들이 '내일은 어떻게 될지 모르니 건강한 오늘은 요리를 하자'라고 생각합니다. 그렇기 때문에 도와주지 않는 사람을 결코 책망하지 않습니다. 이것은 '기브 앤 테이크give and take'와는 다릅니다.

나이가 들어 할 수 없는 일이 많아졌을 때, 자식들에게 "내가 이만큼 해주었으니 너도 이 정도는 해줘"라고 요구할 수는 없습니다. 할 수 있는 사람이 할 수 있을 때 다른 사람을 돕는 것으로 자신의 가치를 찾는 사회가 되었으면 좋겠습니다.

"비록 아무것도 할 수 없다고 해도
살아 있는 것만으로도
가족에게 힘이 된다는 사실을 꼭 표현해주세요."

4장

함께 '지금, 여기'를
즐겁게 살기
위하여

돌아가고 멈춰서지만
의미 있는 '지금, 여기'의 삶

　　우리 집에서 아버지 집까지는 걸어서 15분 정
도 걸렸습니다. 어머니가 돌아가신 후 아버지는 오랫동안 혼
자 사셨는데, 치매에 걸렸다는 진단에 제가 본가로 모셔와
낮 동안 간병하기로 한 것입니다. 사실 아버지 집으로 갈 때
더 가까운 길도 있었지만 저는 강을 따라 나 있는 길을 걷는
게 좋아서 좀 돌아가더라도 일부러 그 길로 다녔습니다.

　15분이라는 시간도 한눈을 팔지 않고 열심히 걸었을 때나
그런 것이지, 카메라를 가지고 다니는 저로서는 사진을 찍으
려고 도중에 몇 번이고 멈춰 섰기 때문에 실제로는 시간이

좀 더 걸렸습니다. 한시라도 빨리 가지 않으면 아버지가 어떤 위험한 행동을 할지도 모르니 마음에 들 때까지 사진을 찍을 수는 없었지만, 새의 울음소리가 들리면 그 모습을 찾고 나비가 꽃의 꿀을 빨고 있으면 멈춰 서서 카메라에 그 광경을 담았습니다.

물총새가 수면을 미끄러지듯 날고 왜가리가 제 기척에 놀라 날아오르기도 했습니다. 새와 나비에게 마음을 빼앗기면 비가 좀 내려도 몸이 떨릴 정도로 추운 날에도 전혀 힘이 들지 않았습니다. 날아오른 물총새를 쫓아 왔던 길을 되돌아간 적도 있었습니다.

아버지가 기다리신다는 사실을 알고 있기에 항상 그랬던 것은 아니지만, 하루는 문득 이런 게 인생인지도 모르겠다 싶었습니다. 인생을 출발점과 목적지가 있는 길에 비유했을 때, 효율적으로 그 길을 걸어간다는 것이 의미가 있을까요? 과연 인생이라는 게 효율적으로 살고 효율적으로 죽을 필요가 있는 것일까요? 길 위에서 지정거리고, 때로는 왔던 길을 되돌아가면서 시간을 잊고 놀다 정신을 차려보면 어느새 꽤 먼 곳까지 왔음을 깨닫게 됩니다. 인생도 마찬가지 아닐까요?

딸이 태어난 지 얼마 안 되었을 때, 당시 네 살이던 아들과 둘이서만 외출한 적이 있었습니다. 전철에서 내려 버스로 갈아타려고 버스 정류장까지 서둘러 갔지만, 눈앞에서 버스를 놓치고 말았습니다. 버스는 한 시간에 한 대밖에 없었습니다.

"어쩌지? 버스를 타려면 한 시간은 더 기다려야 하는데."

혼잣말하듯 중얼거리는 제게 아들은 "기다릴래요"라고 말했습니다. 난감해서 아들을 바라보니 아들은 태평한 얼굴로 주위를 둘러보고 있었습니다. 그때 알았습니다. 아들에게 있어서 시간은 저와 다른 방식으로 흐른다는 것을요.

아들이 초등학교를 다닐 때는 집 열쇠를 깜빡하고 안 가져가거나 학교의 책상 서랍에 넣어둔 채 돌아오는 일이 잦았습니다. 당연히 학교에서 돌아왔을 때 집 안에 들어가지 못해 밖에서 기다리는 일도 많았지요.

하루는 집 현관 앞에 노란색 우산이 놓여 있는 것이 보였습니다. 멀리서 보았을 때는 열쇠가 없어 집에 들어가지 못한 아들이 우산을 놓고 놀러간 줄 알았습니다. 그런데 집 가까이 와보니 아들이 현관 앞에 앉아서 졸고 있었습니다. 멀리에서는 우산에 감추어져 아들의 모습이 보이지 않았던 것입니다. 저의 기척을 느낀 아들은 현관문에 붙어 있는 달팽이를 손가락으로 가리켰습니다.

"이 달팽이, 처음에는 여기 있었어요."

30센티미터 정도 이동한 셈이더군요. 아들이 얼마나 기다렸는지는 알 수 없었지만, 아들이 시간의 경과를 달팽이의 궤적으로 전했다는 사실이 흥미로웠습니다. 아들은 현관문에 남아 있는 달팽이의 궤적을 보고 처음 시간의 존재를 알았는지도 모릅니다. 그것은 이제 아들이 시간에 대한 어른들의 상식적인 생각을 알게 되었다는 뜻이기도 합니다.

시작과 끝이 있는 움직임이 있습니다. 그때는 시작하는 지점에서 끝나는 지점까지 가능한 한 효율적으로 빨리 도착하는 것이 중요합니다. 만약 도중에 어떤 형태로든 중단된다면, 그 움직임은 목적지에 도달하지 못해 불완전한 것이 됩니다. 한편 두 사람이 춤을 출 때처럼 그때그때 움직임이 완전한 형태도 있습니다. 춤이라는 움직임은 어딘가에 도달하기 위한 것이 아니니까요.

인생은 후자의 움직임과 닮았다고 저는 자신 있게 말할 수 있습니다. 길을 돌아간다거나 멈춰 서는 게 쓸데없는 짓이라고 생각하는 사람이 있을지도 모릅니다. 그렇다고 지정거리는 것이 뭐가 나쁠까요? 꼭 효율적으로 살아야 할 필요는 없습니다.

시간을 계산할 줄 몰랐던 네 살짜리 아들은 '버스를 타기 위해서 한 시간을 더 기다려야 한다'는 의미를 이해 못했을지도 모릅니다. 분명한 것은 아들은 버스가 오기까지의 시간을 평소 우리가 생각하듯 '쓸데없이 허비하는 시간'이라고 생각하지 않았다는 것입니다.

열쇠를 잊어버려 어쩔 수 없이 집 앞에서 졸고 있던 그날도, 아들은 막연한 기다림을 어른이 생각하는 것만큼 아까워하지 않았을지 모릅니다. 그러나 네 살 때와는 다르게 아들은 달팽이의 궤적을 보고 시간이 어느 정도 지났다는 것을 실감했겠지요. 그 무렵에는 시계를 볼 줄도 알았으니까요.

그로부터 또 시간이 지난 어느 날, 그날도 밖에서 기다리고 있던 아들이 제가 돌아올 때까지 숙제를 해야겠다고 생각한 모양입니다. 제가 집에 오니 맨바닥에 바로 종이를 대고 필기를 해서인지 구멍이 숭숭 나버린 시험지를 내보이며 웃었습니다. 기다리는 동안 숙제를 해야겠다고 마음먹은 것은 그냥 멍하니 보내는 시간이 아까워졌기 때문이겠지요. 아들은 드디어 효율에 대해 생각하게 된 것입니다.

아버지는 치매가 확실한지 확인하기 위해, 또 치매가 어느 정도 진행되었는지를 알아보기 위해 몇 번이고 반복해서 검사를 받으셨습니다. 오늘이 몇 월 며칠인지, 무슨 요일인지 물으면 아버지는 답을 하지 못하셨습니다. 일을 하고 있었을 때야 당연히 시간의 흐름을 알 필요가 있었겠지만, 지금의 아버지에게 사람들이 정한 시간이 무슨 의미가 있을까요? 아버지에게는 아무래도 좋을 일이었을 것입니다.

사람들은 과거를 생각하며 후회하고 미래를 생각하며 불안해합니다. 그러나 이제 와서 과거를 돌이킬 수도 없고 바로 내일조차도 어떤 일이 일어날지 아무도 모릅니다. 내일을 준비하는 것도 좋겠지만, 실제로는 무슨 일이 일어날지 내일이 되지 않고서는 알 수 없습니다. 그러니 무슨 일이 일어나는 그 순간까지 아무런 생각을 하지 않는 것도 하나의 삶의 방식일 수 있습니다.

가까운 과거조차 기억하지 못하는 치매에 걸린 부모님을 보면서 불쌍하다고 생각하는 사람도 있는데, 제 생각은 다릅니다. '지금, 여기'만을 사는 부모님은 인간으로서 가장 이상적인 삶을 살고 있는 것인지도 모릅니다.

"무슨 일이 일어나는 그 순간까지
아무런 생각을 하지 않는 것도
하나의 삶의 방식일 수 있습니다."

● 지금의 이 삶 자체가
■ 소중한 것

관상동맥우회술을 받고 얼마 지나지 않은 어느 날, 주치의와 이런 이야기를 나누었습니다.

"저는 제 아버지의 수술을 했었습니다."

의사는 본인과 관련된 사람의 수술은 맡지 않는다는 말을 들은 적이 있었기에 주치의의 말을 듣고 저는 놀랐습니다.

"아버님 연세가 어떻게 되셨었나요?"

"여든 살이셨습니다."

저는 주치의에게 부친을 수술할 때 어떤 마음이 들었는지 물어보았습니다.

"편안했습니다. 잘 생각해보세요. 아버지의 수술을 한다면 저는 제 아버지 일만 걱정하면 되지 않습니까. 하지만 선생님 수술을 할 때는 선생님 생각만으로 끝나지 않았습니다. 부인 분 얼굴도, 아드님과 따님 얼굴도 떠올랐거든요. 형제 분들의 얼굴도, 선생님 아버님의 얼굴도 떠올랐지요. 그런 면에서 제 아버지의 수술은 편했습니다."

저는 수천 번의 수술을 해온 의사가 메스를 댔던 제 몸이 '물건'이 아니었다는 사실을 깨닫고, 수술실에서 나 자신을 잃었던 것이 너무 창피했습니다. 수술을 위해 제가 받은 전신마취는 호흡을 멈추고, 근육이완제를 사용해 사람을 한없는 가사 상태로 만듭니다. 제 경우는 인공심폐장치를 사용해 심장의 움직임까지 멎게 했지요.

전신마취를 해도 흉골을 자를 때의 통증으로 인해 가끔 마취에서 깨어나는 환자도 있다고 합니다. 전신마취를 하는 것은 수술 중에 조금이라도 움직이면 안 되기 때문입니다. 이렇게까지 하지 않으면 사람의 몸은 '물건'에 지나지 않는다는 것이겠지요. 그러나 의사는 인간관계에서 떨어져 나온 제 '물건'에 메스를 댄 것이 아니었던 것입니다.

의사의 부친은 수술을 받은 후 은퇴를 하고 유유자적하게 사시다가 13년 후에 돌아가셨다고 합니다. 나라면 과연 여든 살에 수술을 받았을까 싶더군요.

수술을 받기 전 저는 다른 외과의와 이야기할 기회가 있었습니다. 그때 저는 "만약 제가 일흔 살이었다면 수술을 안 받았을지도 몰라요"라고 했습니다. 그러자 의사가 바로 강한 어조로 "왜요?"라고 반문하더군요.

사실 제가 이런 말을 한 것은 그 의사가 바로 전에 "수술을 받지 않는다는 선택지도 있습니다"라고 말했기 때문입니다. 이 말은 저를 놀라게 했습니다. 다음 날이 바로 수술을 받는 날이었기 때문입니다. 그 의사의 말을 듣고 저는 "물론 내일은 수술은 받겠지만, 만약 제가 일흔 살이었다면 수술을 안 받았을지도 몰라요"라고 말했던 것입니다.

의사의 반문에 저는 비로소 깨달았습니다. 저는 인생을 시작과 끝이 있는 직선적인 움직임이라고 생각했던 것입니다. 수술을 받았을 때 저는 쉰한 살이었습니다. 일흔 살이라면 수술을 받아도 얼마 살지 못할 테니 수술을 받지 않고 남은 생을 보내리라 생각했습니다.

여든 살의 부친을 수술한 의사도, 수술을 받은 그 부친도 이런 식으로는 생각하지 않았을 것입니다. 인생을 그때그때

완성하는 움직임이라고 보면, 비록 몇 살이 되었든 수술을 받지 않을 이유가 없습니다. '여생' 따위란 없습니다.

인생이 얼마 남지 않았다고 해서 삶의 방식을 바꿀 필요는 없습니다. 어차피 죽을 거니까 자포자기하는 것도 그렇지만, 지금까지 하지 않았던 일을 하는 것도 이상하지 않습니까?

제가 주치의와 이야기를 나누면서 배운 또 한 가지는 '인간관계에서 분리된 인격은 없다'는 것입니다. 만약 내 앞의 부모님이 방금 전의 일을 잊고 당신이 놓여 있는 상황을 이해하지 못한다고 해도, 사랑하는 가족을 알아보지 못한다고 해도 인간으로서 부모님의 가치는 조금도 변하지 않습니다.

부모님이 어떤 상태든 상관없이 변함없는 모습으로 대할 수 있습니다. 결국에는 아무것도 기억하지 못한 채 부모님이 돌아가셨다고 해도 부모님과의 추억에는 아무런 영향도 미치지 못할 것입니다. 부모님은 지금까지와 마찬가지로 변함없이 우리의 마음속에 영원히 살아계실 테니까요.

● 인생을 미루지 말고
■ 지금 하고 싶은 일을 하자

　　어머니는 아이들이 다 크면 여행을 가겠다고 자주 말씀하시곤 했습니다. 제가 어른이 된 후에도 마찬가지셨습니다. 자신의 즐거움은 언제나 뒤로 미루어야 한다고 생각하셨던 모양입니다.

　어머니는 누구보다 빨리 일어나시고 누구보다 늦게까지 집안일을 하셨습니다. 그런 어머니가 딱 한 번 아버지와 같이 해외에 나가신 적이 있습니다. 여행은 아니고 해외에서 근무를 하고 있던, 어머니의 동생인 제 외삼촌이 사고로 돌아가셨기 때문입니다. 상심한 채로 동행하시는 동안 어머니는 대체 아버지와 어떤 말씀을 나누셨을까요? 두 분 모두 돌아가신 지금은 알 길이 없습니다.

어머니는 마흔아홉 살에 뇌경색으로 돌아가셨습니다. '그렇게 빨리 돌아가실 줄 알았더라면……' 하는 마음이 들지 않을 수가 없습니다. "아이들이 크면"이라고 말씀하시던 어머니에게 "무슨 말씀이세요?"라고 웃기만 할 것이 아니라 여행할 기회를 드렸으면 얼마나 좋았을까, 하며 두고두고 후회했습니다.

제가 고등학생 때 윤리를 가르치던 선생님이 계셨습니다. 당시 일흔 살이 넘으셨던 선생님은 항상 수업 중에 노년의 삶에 대해 말씀하셨지요.

"그들은(이라고 당신은 노인이 아니라는 뉘앙스로) 젊은 시절 돈 버는 것만 생각하고 살아왔다. 그래서 다른 일은 아무것도 모르지. 책을 읽을 줄도 모르고. 일을 그만두고 몸이 좀 불편해지더라도 책을 읽으며 생활한다면 노년에 대한 두려움은 사라질 텐데 말이야. 나는 퇴직하면 젊은 시절 사두었던 책을 읽으며 지낼 거다."

고등학생이었던 제가 선생님의 의도를 다 파악할 수는 없었지만, 책을 읽는 기쁨에 대해서만은 이해할 수 있었습니다.

하지만 고등학교를 졸업한 해의 여름, 퇴직 후에 책을 읽으며 지내고 싶으시다던 선생님의 부고를 듣게 되었습니다. 생애를 마치는 날까지 교사로 있을 수 있던 것이 행복하셨을지도 모르겠습니다만, 평소 원하던 퇴직 후 생활에 대한 선생님의 바람을 이루지 못한 것에는 미련이 남지 않으셨을까 싶기도 했습니다.

이런 일을 겪은 후 저는 '하고 싶은 일은 하고 싶을 때 하자', '인생을 미루지 말자'라고 생각하게 되었습니다. 도스토옙스키의 소설《백치》를 보면 형 집행 직전에 특별 사면을 받아 사형을 면한 남자가 나옵니다. 사형을 선고받은 남자는 관공서의 관료주의를 생각해서 '또 일주일은 걸리겠지'라며 느긋하게 굴었습니다. 그런데 예상외로 일 처리가 급속히 이뤄져 생각지도 못한 새벽에, 잠들어 있는 그를 간수가 깨웠습니다.

"아홉 시 넘어서 형을 집행한다."

남자는 아직 절차가 완료되지 않았을 거라며 간수와 실랑이를 벌였지만, 잠에서 완전히 깨어나자 결국 입씨름을 그만두고 입을 다물었습니다.

"그렇다고 해도 갑자기 이러면 곤란하잖아……."

어느 날 새벽, 구급차로 병원에 실려와 심근경색이라는 진단을 받았을 때 제가 바로 그런 심정이었습니다. 사형을 면할 길 없음을 알고 단념한 남자는 살 수 있는 시간이 5분밖에 남지 않았다는 사실을 깨닫고 시간을 나눕니다. 2분은 친구와의 이별에, 1분은 마지막으로 한 번 더 자신을 돌아보는데, 나머지 2분은 이 세상에서 추억으로 기억할 풍경을 떠올리는 데 쓰기로 했습니다. 그랬던 그가 사형을 면하게 되고 시간이 많이 주어지자 어떻게 했을까요? 그는 더 이상 어떻게 시간을 사용할까 계산하는 일 없이 그 많은 시간을 허비해버리고 맙니다.

앞에서 말했듯이, 인생을 미루지 말고 하고 싶은 일은 할수 있을 때 해야 합니다. 그렇다고 숨이 막힐 것 같은 현실의 긴박한 상황을 이겨내며 살라는 뜻은 아닙니다. 소설 속 남자가 많은 시간을 '허비했다'는 표현에 현실이 있습니다. 시간을 하나하나 계산하지 않고 살 수 있다는 것은 그야말로 행복입니다.

시간을 계산하지 않고 산다는 것은 대충 산다는 뜻이 아닙니다. 오히려 시간에서 자유로워졌다는 의미입니다. 자유로워졌기에 지금을 즐기며 살아갈 수 있는 것이지요.

"시간을 계산하지 않고 산다는 것은
대충 산다는 뜻이 아닙니다.
오히려 시간에서 자유로워졌다는 의미입니다.
자유로워졌기에 지금을 즐기며 살아갈 수 있는 것이지요."

아버지가 돌아가시고 몇 년이 지난 어느 날, 꿈을 꾸었습니다. 꿈속에서 아버지는 어딘가로 외출하시려는 듯 차를 타고 계셨습니다.

비가 올 것 같아서 우산을 챙기셨는지 물어보려고 차로 다가갔더니 조수석에는 30여 년 전에 돌아가신 어머니가 앉아 계셨습니다. 꽤 오랫동안 어머니 꿈을 꾸지 않은 터라 꿈속에서 어머니의 모습을 본 것은 정말 오랜만이었습니다. 저는 살아계실 때와 변함없는 젊은 어머니의 모습을 보고 놀랐습니다. 그리고 생각했습니다.

'이제 아버지 걱정은 안 해도 되겠구나.'

지금도 가끔 아버지와 어머니 생각이 납니다. 부모님이 생전에 하셨던 말씀이 제 마음에 새겨 있고, 그 말씀이 지금도 제 안에서 살아가는 힘이 되어주고 있음을 뼈저리게 느낍니다.

물론 두 분의 간병을 하던 때는 학교에 가지도 못하고 생각만큼 일을 할 수 없어서 우울한 적도 있었습니다. 하지만 두 분에게서 배운 여러 가지를 생각하면, 억겁의 인연 중에 두 분의 자식으로 태어나 마지막까지 함께 보낼 수 있었던 시간들이 고맙기만 합니다.

원고를 꼼꼼히 읽고 유익한 조언을 해주신 겐토샤幻冬舍의 스즈키 헤미鈴木惠美 씨, 웹 기획의 야마모토 오오스케山本大輔 씨에게 감사드립니다.

옮긴이 박진희

가톨릭대학교에서 국문학을 전공하고 출판사와 잡지사에서 근무했다. 게이오대학교에서 일본어를, 동경외국어대학교 대학원에서 일본문화를 공부하고 돌아와 현재는 번역가로 활동 중이다. 옮긴 책으로《죽고 싶다는 마음은 사라지지 않겠지만》,《강아지 밥의 교과서》,《엄마, 죽고 싶으면 죽어도 돼》외 다수가 있다. 지은 책으로《나른한 오후의 마들렌》과 일본에서 출간한《한류스타와 한국어》,《홀로 떠나는 한국여행과 회화》가 있다.

우리는 결국 부모를 떠나보낸다

부모의 마지막을 함께하며 깨달은 삶의 철학

초판 1쇄	2017년 3월 15일
초판 7쇄	2022년 9월 23일
개정판 2쇄	2025년 5월 12일

지은이 기시미 이치로
옮긴이 박진희

발행인 문태진
본부장 서금선
책임편집 이예림   **편집 1팀** 한성수 송현경

기획편집팀 임은선 임선아 허문선 최지인 이준환 송은하 김광연 이은지 김수현 원지연
마케팅팀 김동준 이재성 박병국 문무현 김윤희 김은지 이지현 조용환 전지혜 천윤정
저작권팀 정선주
디자인팀 김현철 이아름
경영지원팀 노강희 윤현성 정헌준 조샘 이지연 조희연 김기현
강연팀 장진항 조은빛 신유리 김수연 송해인

펴낸곳 ㈜인플루엔셜
출판신고 2012년 5월 18일 제300-2012-1043호
주소 (06619) 서울특별시 서초구 서초대로 398 BnK디지털타워 11층
전화 02)720-1034(기획편집) 02)720-1024(마케팅) 02)720-1042(강연섭외)
팩스 02)720-1043
전자우편 books@influential.co.kr
홈페이지 www.influential.co.kr

한국어판 출판권 ⓒ ㈜인플루엔셜, 2017, 2025

ISBN 979-11-6834-273-6 (03180)